"十四五"法律职业教育新编系列教材

司法职业教育新"双高"精品教材

司法部信息安全与智能装备实验室丛书

U0711908

JINGCHA FANGWEI YU

KONGZHI JISHU

警察防卫与控制技术

主　编◎卢庆朝　董　利　谢　楚

副主编◎王振国　徐　敢　胡昌胜

撰稿人◎卢庆朝　董　利　谢　楚　王振国

　　　　徐　敢　胡昌胜　刘志华　向　阳

　　　　黄善双　张　萍　孟学涛　彭彩君

　　　　朱　雷　谢　菲　尹成明　宋玉莹

　　　　石伟岩　刘叶青　刘　泽　王英杰

中国政法大学出版社

2025 · 北京

图书在版编目（CIP）数据

警察防卫与控制技术 / 卢庆朝，董利，谢楚主编.

北京：中国政法大学出版社，2025. 6. -- ISBN 978-7
-5764-2138-5

　　Ⅰ. G852.4

中国国家版本馆 CIP 数据核字第 2025XV4366 号

出 版 者　　中国政法大学出版社

地　　址　　北京市海淀区西土城路 25 号

邮　　箱　　fadapress@163.com

网　　址　　http://www.cuplpress.com (网络实名：中国政法大学出版社)

电　　话　　010-58908435(第一编辑部) 58908334(邮购部)

承　　印　　北京鑫海金澳胶印有限公司

开　　本　　787mm×1092mm　　1/16

印　　张　　9.25

字　　数　　214 千字

版　　次　　2025 年 6 月第 1 版

印　　次　　2025 年 6 月第 1 次印刷

印　　数　　1~4000 册

定　　价　　43.00 元

　　随着对警察从业人员的要求不断提高，高等院校需加大对警务人才的培养，加强警校学生警务技战术能力。本教材编写是根据司法警官高等职业教育人才培养目标，适应司法警官高等职业教育对培养应用型人才的需要以及当前警务发展对高等教育提出的新要求所编制。本教材对警察防卫与控制技术基础知识进行归纳和总结，为警校警体教师提供科学完整的辅助教学材料，为能够更好地上好警察体育课提供保障，让学生全面掌握基础的警务技战术，努力培养一名警务技战术基础知识扎实、能力全面的警校学生。

　　本教材由武汉警官职业学院警体部主导、中央司法警校警体部、湖南司法警官职业学院警体部参与编写。教材内容丰富，基础理论与实践技术讲解细致，能够处理好因不同水平、不同性别、不同理解能力所导致的问题。本教材根据"十四五"规划教材要求，大胆创新教材编制模式，将教材分为"学习领域"和"训练领域"两大模块，"学习领域"为基础理论知识，分为"警察防卫与控制技术基础"和"人体基本结构"两个部分。"训练领域"为实践技能教学，分为"徒手防卫与控制基本技术"和"警务体能训练"两个部分。编写人员一直从事一线警体教学任务，本教材根据他们长期教学经验和教学实践，结合学院实际，走访调研了同类相关院校警体教学情况，编写了此教材。本书针对性强、内容丰富、结构合理、图文并茂，注重信息化，方便教与学，可以为警察类院校或高职院校的师生提供教学指导和参考。在结构和内容上具有一定的特色与创新，主要体现在：

　　时代性。本教材根据新时代司法警务人才培养需要，依据相关领域最新的标准，吸收了当下国内外最新学术理论成果，适用于当前国内司法警务发展模式，结合社会和行业实际发展，具有较强的时代性。

　　实战性。本教材在编写过程中充分考虑适用性原则，坚持理论与实际相结合，根据当前司法干警日常工作的实际情况，强调满足学以致用和职业技能要求，结合实际工作案例，在理论学习中实践，在实践中学习，让本教材的内容真正能够运用到实际工作中。

　　系统性。本教材充分考虑学科知识结构，从警察防卫与控制技术基础理论知识、人体基本结构、警察防卫与控制技术技能、警务体能训练等方面撰写，注重知识结构的相互递进，符合警校学生警务技能知识结构，思路明确，重点突出，逻辑严密，有利于学生系统地学习和掌握相关知识点。

　　综合性。本教材致力于培养一名现代化综合性司法警务人员，所涉及的知识结构较广，从最基本的警察队列队形到司法警务战术，覆盖面广，内容充实，学生可以通过本教材学习更多的警务技战术知识，对培养高素质综合性司法警务学生具有重要意义。

目 录

模块一 学习领域

模块二　训练领域

模块一　学习领域

学习领域一

警察防卫与控制技术基础

学习模块一　警察防卫与控制技术概论

警察防卫与控制技术是包含自我防卫、徒手控制及特殊环境下的控制等技能，旨在合法、适度且有效地执行监管任务和处理突发安全事件，坚持合法性、适度武力和生命至上原则。具体内容包括强化体能与格斗技巧，以提升应对袭击的自保能力，掌握徒手控制技术、非致命性控制操作。针对监狱内复杂场景，制定相应行动策略。加强此技术的教学与实践，有利于提高警察专业素养和执法效能，维护监狱安全稳定，保障社会公共安全秩序，体现法治精神，是构建现代监狱警务机制的必然要求。

学习模块二　警察防卫与控制技术特点

警察防卫与控制技术是指警察在维护社会治安和执行职责过程中所使用的技术手段和方法。它具有以下特点：

学习单元一　实用性

警察防卫与控制技术的实用性在于它可以帮助我们有效应对各种潜在的危险和威胁，保护自己和他人的安全。通过学习和掌握相关技能和知识，我们可以在面对危险情况时迅速做出正确的反应，有效地保护自己。遵循法律以及有效的、实用的技术，采用特定的招式，发起攻击后立即制服犯人，不给犯人留下回旋的余地和还手的机会，在极短时间内制服。

学习单元二　简捷性

警察防卫与控制技术的简捷性在于它是一种快速、直接且简单的应对危险的方法。通过学习和掌握一些基本的手段，我们可以在必要时立即行动，并在短时间内制服犯人。以下是警察防卫与控制技术的简捷性的一些特点：

1. 快速反应。警察防卫与控制技术意味着立即采取行动，以防止危险进一步发展。在面对威胁时，我们可以迅速做出反应，采取必要的措施来保护自己和他人。

2. 直接有效。警察防卫与控制技术的技巧和方法通常是直接有效的。我们可以通过使用合适的招式或技术，迅速制服犯人，阻止他们的攻击或行为。

3. 简单易学。警察防卫与控制技术的技巧通常是相对简单和易学的。虽然需要一定的训练和练习，但大多数人可以在相对短的时间内学会基本的防卫技巧和控制手段。

4. 适用性广泛。警察防卫与控制技术的技巧和方法适用于各种危险和威胁情境。无论是面对身体攻击还是言语威胁，可以根据具体情况选择合适的防卫与控制策略。

学习单元三　针对性

警察防卫与控制技术的针对性指的是根据具体的危险情况和对手特点，采取相应的警察防卫和控制技术手段，以达到最有效的防护目的。这种针对性可以帮助我们更好地适应不同的危险情况，提高自身的能力。以下是警察防卫与控制技术的针对性的一些特点：

1. 根据情况选择策略。针对不同的威胁和攻击方式，我们可以选择合适的防卫策略。例如，对于身体接触的攻击，可以采取格挡、反击等技巧；对于远程攻击，可以采取躲避或逃离策略。

2. 考虑对手特点。在面对对手时，我们可以根据对手的身体条件、技能水平、攻击方式等因素，选择合适的控制手段。例如，对于力量较大的对手，可以采取技巧性较强的控制手段。

3. 针对不同情境。警察防卫与控制技术的针对性也包括针对不同情境的应对策略。例如，在公共场所遇到威胁时，可以选择利用周围的环境物品或人群来帮助自己应对。

4. 个性化定制。每个人的身体条件、技能水平和应对能力都不同，因此警察防卫与控制技术的策略也应该根据个人的特点进行个性化定制。通过不断训练和练习，可以更好地适应自己的特点并提高应对能力。

总的来说，警察防卫与控制技术的针对性是为了更有效地保护自己和他人，根据具体情况选择恰当的警察防卫与控制技术手段，提高自身的安全意识和自我保护能力。

学习模块三　警察防卫与控制技术作用

第一，警察防卫与控制技术是警察在执行任务过程中所必须掌握的技术之一。缺乏临战意识、克敌制胜的技能和合理运用技能的方法是造成警察伤亡的主要原因。熟练掌握和反复练习警察防卫与控制技术可以极大地提高警察的作战能力，有效减免伤亡。警察类院校中警察防卫与控制技术专业课程对于学生提高自身专业素养有着重要作用。尤其是在面对凶残暴力的不法分子时，警察如果能熟练掌握警察防卫与控制技术中的技巧和精髓，就能在出现危险的情况下迅速制服犯罪嫌疑人，保障普通公民的生命及财产安全，提高执法效率。

　　第二，警察防卫与控制技术是警察提高队伍战斗力的重要方法。提高警务实战技能水平是警察队伍建设的重要组成部分，熟练掌握运用警察防卫与控制技术是提高队伍战斗力最为有效的方法之一。衡量警察战斗力的标准，不仅要看其装备水平，还要看其体能状况和整体组织指挥、协调配合能力以及专业技能水平和实战运用能力。坚持对警察队伍进行经常性、系统性的控制与防卫技能训练，不仅能使其全面掌握和长期保持使用列装警械、武器和实战技能战术的能力，而且能有效地增强体质，强健体魄，增进健康，培养对抗意识和良好的心理素质，以保证警察更好地在实战中发挥各种技术技能，合理巧妙地运用各种战术，使身体承受激烈而残酷的搏斗与对抗，适应恶劣的环境，处置复杂多变的情况，机智果断、勇敢顽强地战胜并控制各种犯罪嫌疑人，提高自我保护的能力，以确保圆满完成维护社会安定，为经济建设保驾护航的艰巨使命。

　　第三，警察防卫与控制技术是培养人民警察意志品质和战斗作风的重要途径。警察防卫与控制技术是警察执法中一种高对抗性、高风险的活动，它要求警察应具备坚定、沉着、机智、果断、勇敢、顽强的品质，其特殊性决定了警察防卫与控制技术训练是按照从难、从严、从实际出发，严格要求、严格训练的原则进行的。紧张的竞争气氛、超负荷的大运动量、大强度训练和实战对抗的激烈残酷程度，对培养警察机智果敢、坚韧刚毅的意志品质和服从命令、听从指挥、不怕牺牲、敢于拼搏、协同作战、顾全大局的战斗作风以及立警为公、执法为民的高尚道德情操与职业风范具有显著和独特的作用，是培养警察意志品质和战斗作风的重要途径。

学习模块四　警察防卫与控制技术原则

学习单元一　维护国家安全与社会稳定原则

　　警察的首要职责是维护社会治安，作为国家公权力的代表，警察必须旗帜鲜明地树立为人民服务的理想信念，具备中国特色社会主义核心价值观，爱党爱国，以保卫人民幸福、富裕、安乐为信念，奋斗于中国式现代化建设，将所学警务技术用于与违法犯罪分子斗争，以坚决维护国家安全与社会稳定为第一要务。

学习单元二　依法公正文明执法原则

　　各行政执法部门是建设法治政府的践行者和依法行政的实施主体之一。依法执法是警察执法的基础，丧失法律依据的执法行为都是滥用公权力和对公信力的损害。公正执法是维护社会公平正义，维护政府公信力的重要部分，不公正的执法行为同样有损公信力，并且阻碍社会保持公序良俗。警察作为中国式现代化的建设者，必须秉持中华优秀传统法律文化，践行文明执法，弘扬社会主义法治精神，发挥警察带头影响力作用，引导人民群众做社会主义法治的忠实崇尚者、自觉遵守者、坚定捍卫者。

学习单元三　合理适度原则

合理适度原则是执法过程中的基本指导思想，要求在执行职务时维护社会秩序并尊重个体权利，确保执法行为既是合法的，又是合理适度的，要求警察在维护社会秩序的同时避免过度执法对个体权利的侵犯。在面对潜在危险或威胁时，警察必须谨慎权衡和评估实际情况，选择适当的手段和力度，确保不会使用过度武力，并在适宜情境下使用非暴力手段更好地达到执法目的。

学习单元四　人权尊重原则

人权是所有人与生俱来的权利，犯罪嫌疑人同样享有人权，执法过程中的人权尊重是对个体权利和尊严的尊重。人权尊重原则要求警察在与个体互动时注重保护其生存权、平等权、选举权等基本人权，侵犯基本人权是非法犯罪行为。警察在执行职务时，必须尊重当事人的基本人权，与当事人妥善交流沟通，以便当事人了解执法的目的和过程，防止误解和冲突发生。同时，警察在处理涉及弱势群体，包括儿童、老年人、残疾人或其他易受伤害群体的事件时应当格外敏感，必须以更加细致入微的方式进行处理，确保不侵犯他们的权利和尊严，并提供额外的支持和保护。在现代社会中，人权尊重也涉及信息安全问题，警察应当遵循相应的法律法规，确保在执法过程中收集的个人信息得到妥善保护，以防止滥用、泄露或非法获取。

学习单元五　培训与监管原则

培训与监管原则是确保警察行为合法、合理和专业的关键要素，旨在通过专业培训和有效监管，提高综合素质，促使警察更好地履行职责。培训与监管原则要求警察必须接受系统的、定期的培训，促使更新知识储备、提高技能水平，了解最新的法律法规和执法标准，确保警察在执法过程中具备足够的专业素养和操作技能来应对各种复杂情况。监管机构会依照要求对警察的行为进行定期、全面的审核和评估，确保执法行为符合法律法规和伦理要求。通过有效监管，防止滥用职权、过度使用武力以及其他不当或犯罪行为。此外，培训与监管原则还关注警察的道德伦理建设，强调警察树立职业道德、公平公正、服务公众的理念，确保警察在执法过程中能够恪守职业操守。

学习模块五 警察防卫与控制技术思政元素

学习单元一 警察防卫与控制技术课程思政建设的价值

一、塑造正确的价值观念与职业素养

通过警察防卫与控制技术课程的思政建设，可以帮助警察塑造正确的职业价值观念和高尚的职业道德。这种价值观念的塑造不仅包括坚守公正、廉洁为民等基本原则，还体现在对待工作中的责任担当、服务群众的职业态度等方面。

二、提升实战技能与安全意识

思政建设在警察防卫与控制技术课程中，强调理论联系实际，突出应用性和警察特色。这有助于警察更好地掌握一般警务活动中"控、查、带"的基本技能，提高警务技战术能力。同时，通过加强安全意识教育，使警察在实战中更加注重自身安全，实现"0"伤亡的目标。

三、培养团队协作与集体主义精神

在警察防卫与控制技术课程中，注重培养警察的团队协作能力和集体主义精神。通过小组协同控制等训练方式，使警察学会在团队中发挥自己的优势，共同应对各种复杂情况。这种团队协作和集体主义精神的培养，对于提高整体执法效能具有重要意义。

四、激发创新精神与提高应对能力

思政建设鼓励警察在警察防卫与控制技术课程中发挥创新精神，不断探索新的战术和方法。这种创新精神的激发，有助于提高警察应对各种复杂情况的能力，使他们在面对突发事件或重点任务时能够迅速作出反应，有效维护社会稳定和人民安全。

五、发挥典型案例示范作用

通过分享成功运用警察防卫与控制技术、成功处置突发事件或完成重点任务的典型案例，可以激发警察的学习热情和实践动力。同时，这些典型案例也为警察提供了宝贵的经验教训和实战指导，有助于他们在未来的工作中更好地运用所学知识解决实际问题。

学习单元二 警察防卫与控制技术课程与思政教育相结合的必要性

一、培养全面发展的警察

警察不仅需要有坚实的警务技能，更需要有正确的价值观念和坚定的理想信念。通过思政教育，我们可以帮助警察建立正确的人生观、价值观和世界观，从而确保他们在执行公务时能够坚守正义、公正无私。

二、强化实战应用中的心理素质

警察在工作中常常面临高压和危险的情况，需要有强大的心理素质来应对。思政

教育可以帮助警察提高心理素质，增强应对压力和困难的能力，确保在实战中能够保持冷静、果断和勇敢。

三、提升警察的职业使命感和荣誉感

通过思政教育，我们可以帮助警察深刻理解自己的职业使命和荣誉感，使他们更加珍惜和热爱自己的职业。这种使命感和荣誉感的提升，可以激发警察更加积极地投入到工作中，为社会的和谐稳定贡献自己的力量。

四、促进理论与实践的有机结合

警察防卫与控制技术课程注重实战技能的培养，而思政教育则强调理论学习和思想引领。将两者结合起来，可以实现理论与实践的有机结合，使警察在掌握实战技能的同时，理解这些技能背后的理论支撑和思想指导。

五、适应新时代公安工作的新要求

随着社会的快速发展和治安形势的不断变化，新时代公安工作对警察提出了更高的要求。警察不仅需要具备扎实的警务技能，还需要有高度的政治觉悟和敏锐的社会洞察力。因此，将警察防卫与控制技术课程与思政教育相结合，有助于培养适应新时代要求的全面发展的警察。

学习单元三　警察防卫与控制技术课程思政建设的实现路径

一、课程设计中的思政元素融入

在警察防卫与控制技术课程的设计阶段，应明确思政教育的目标和要求，将相关的思政元素融入课程内容中。例如，可以通过介绍警察职业的崇高使命和社会责任感，引导学生认识到自身职业的重要性和使命感；通过案例分析，让学生深入了解警察在维护社会稳定、保障人民安全方面的重要作用，培养他们的职业荣誉感和责任感。

二、教学方法的创新与实践

在教学方法上，可以采用多样化的教学手段，如案例教学、角色扮演、情景模拟等，让学生在实践中体验和学习。通过这些实践活动，学生可以更好地理解和掌握警察防卫与控制技术，同时也能够培养他们的团队协作精神、沟通能力、解决问题的能力等。同时，教师可以结合课程内容，适时引入思政元素，引导学生进行深入思考和讨论，增强他们的思辨能力和政治觉悟。

三、师资队伍的建设与培训

教师是实现思政建设目标的关键因素之一。因此，应加强对警察防卫与控制技术课程教师的培训和引导，提高他们的思政素质和教育教学能力。可以通过组织定期的研讨会、讲座等活动，引导教师深入研究和探讨课程思政建设的理念和方法；同时，也可以邀请公安一线的优秀警察走进课堂，分享他们的实践经验和心得体会，为学生树立榜样。

四、课程评价体系的完善

课程评价体系是检验课程思政建设效果的重要手段。因此，应完善课程评价体系，将思政元素纳入评价指标中，形成多元化的评价体系。可以通过学生问卷调查、课堂

观察、实践考核等方式，全面了解学生对课程思政建设的满意度和反馈意见，及时调整和完善课程内容和教学方法。

五、校园文化与课程思政的有机结合

校园文化是思政教育的重要载体之一。因此，可以将警察防卫与控制技术课程的思政建设与校园文化建设相结合，形成良好的育人氛围。可以通过举办相关的主题活动、文化展览、社会实践等，让学生了解警察职业的历史、文化和精神内涵，增强他们的职业认同感和使命感。

学习领域二

人体基本结构

学习模块一　人体的基本结构

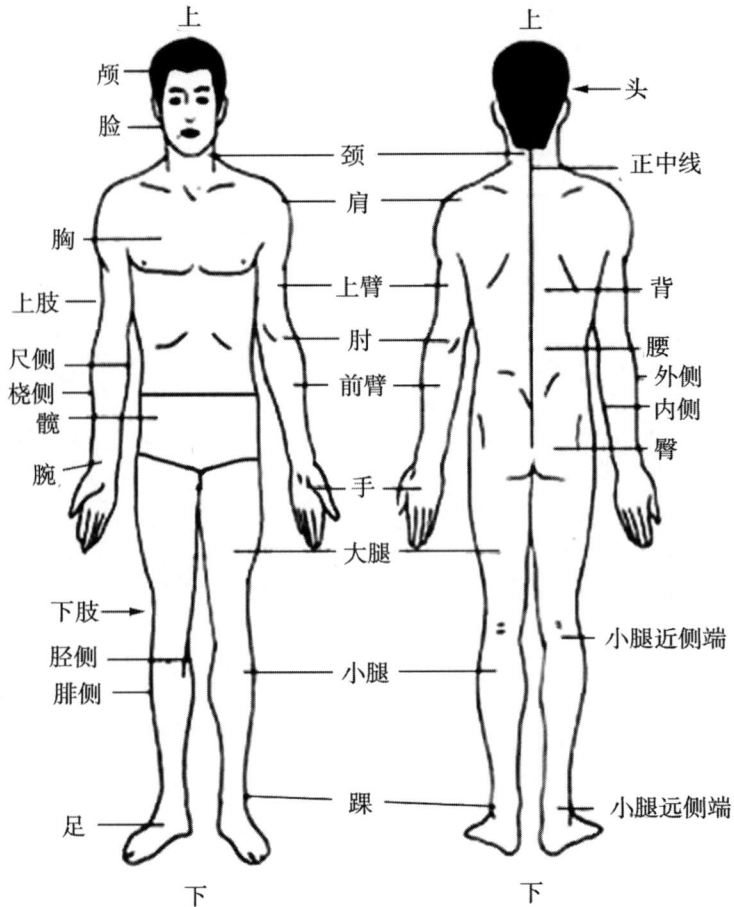

图 1-2-1　人体的基本结构

　　人是一个具有生命活动功能的整体。不同的部位，有着不同的名称。头颈部的名称：头、颈；躯干部的名称：胸、背、脊椎；上肢部的名称：肩、上臂、前臂、手；下肢部的名称：臀、大腿、小腿、足。

人体常用方位的术语为了便于学习和研究人体各部位及其结构的位置变化，规定以身体直立、两眼向正前方平视，两脚跟靠拢，足尖向前，上肢自然下垂于躯干两侧，手掌向前为人体标准解剖学姿势，并以上述姿势为依据，提出一些常用人体方位的术语。

学习模块二 人体的骨骼结构

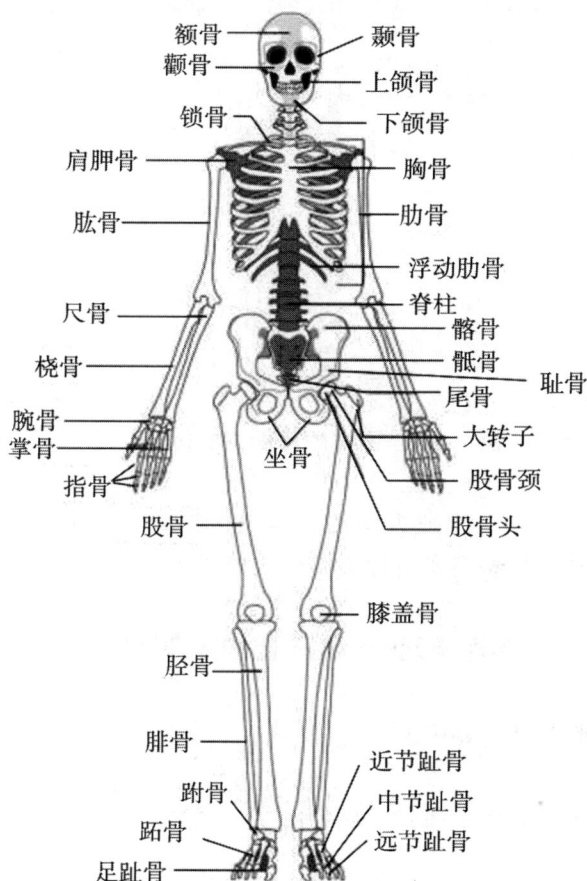

图 1-2-2 人体的骨骼结构（正面）

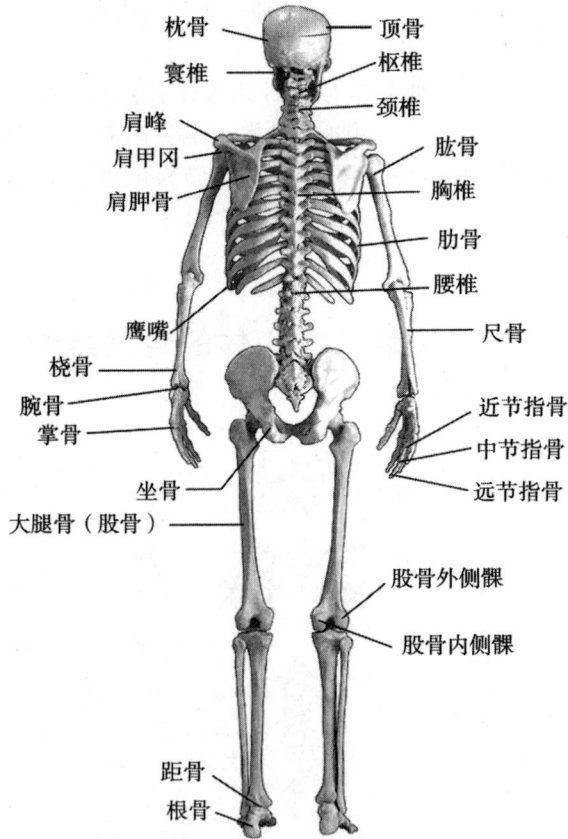

图1-2-3　人体的骨骼结构（背面）

成人的骨骼共有 206 块，组成人体的支架。根据骨骼的形态不同，可分为长骨、短骨、扁骨和不规则骨。骨骼主要由骨质构成，外面包着骨膜，内部藏着骨髓。

学习单元一　躯干部的体表标志

胸骨：胸骨柄、胸骨体、剑突。
肋骨：肋骨、肋软骨。
椎骨：颈椎、胸椎、腰椎、骶骨、尾骨。

学习单元二　上肢部的体表标志

肩胛骨：肩峰、肩胛冈、肩胛下角。
锁骨：全长。
肱骨：肱骨内上髁、外上髁。
尺骨：鹰嘴、尺骨头、茎突。

桡骨：桡骨头、茎突。

手骨：腕骨、掌骨和指骨的背面。

学习单元三　下肢部的体表标志

髋骨：髂嵴、髂前上棘、髂后上棘、耻骨联合、生骨结节。

股骨：大转子。

膑骨：前面。

胫骨：胫骨前缘。

腓骨：腓骨头和外踝。

足骨：跗骨、跖骨、趾骨。

学习模块三　人体的骨骼肌结构

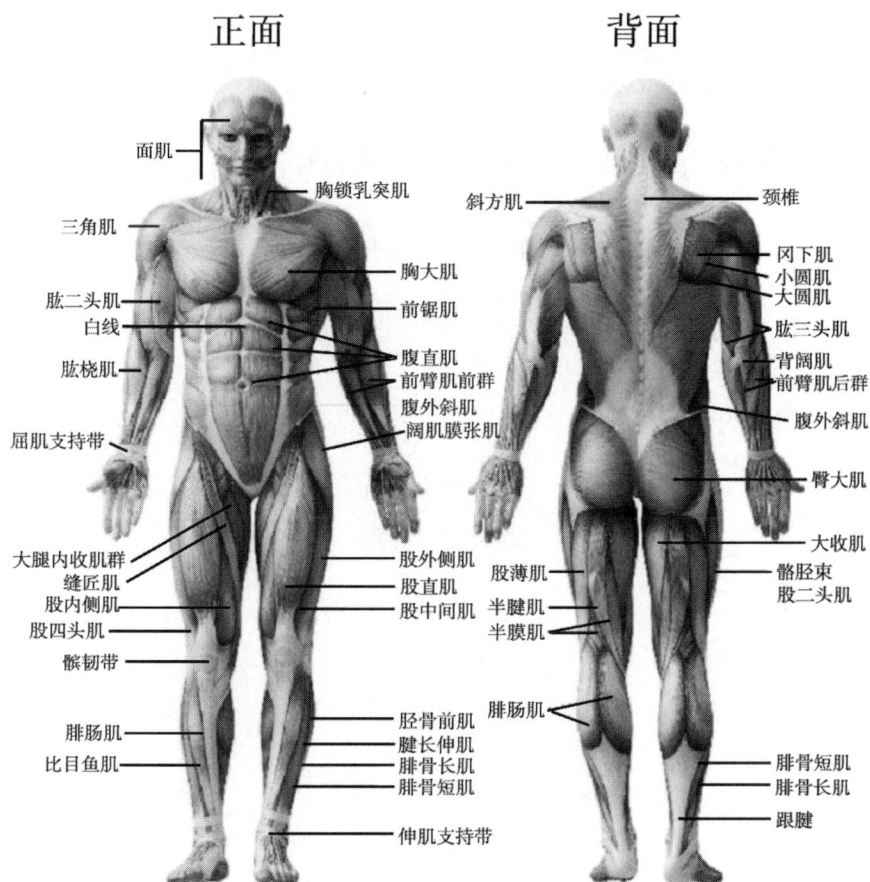

图 1-2-4　人体的骨骼肌结构

骨骼肌在人体内分布极为广泛，有 600 多块，绝大多数附着于骨骼，约占体重的 40%，四肢肌占全身骨骼肌总重量的 80%，下肢肌占 50%，上肢肌占 30%。肌肉分为中部的肌腹和两端的肌腱。阔肌的肌腱呈膜状，名为肢健膜。肌肉借肌腱附着于骨骼或筋膜上，肌腱没有收缩能力，但坚韧，抗张力。肌腱由胶原纤维构成，互相交织排列呈辫状，该结构使得肌肉力量均匀地作用于肌腱的骨附着处，不因运动时关节角度变化而使肌肉力量受到影响。主要参与日常运动的肌肉分为上肢肌、下肢肌、躯干肌。

学习单元一　上肢肌

肩带肌：三角肌、冈上肌、冈下肌、小圆肌、肩胛下肌、大圆肌。
上臂肌：肱二头肌、喙肱肌、肱肌、肱三头肌、肘肌。
前臂肌：前臂肌前群浅层肌肉、前臂肌前群深层肌肉、前臂肌后群浅层肌肉、前臂肌后群深层肌肉。

学习单元二　下肢肌

髋肌：髋腰肌、阔筋膜张肌、臀大肌、梨状肌、臀中肌、臀小肌。
大腿肌：股四头肌、缝匠肌、耻骨肌、长收肌、短收肌、大收肌、股薄肌、股二头肌、半腱肌、半膜肌。
小腿肌：胫骨前肌、腱长伸肌、腓骨长肌、腓骨短肌、腓肠肌、比目鱼肌。

学习单元三　躯干肌

背肌：斜方肌、背阔肌。
胸肌：胸大肌、胸小肌、前锯肌。
腹肌：腹直肌、腹外斜肌。

模块二　训练领域

训练领域一

徒手防卫与控制基本技术

训练项目一　徒手基本技术

训练科目一　基本手法

一、拳

四指并拢卷握，拇指紧扣在食指、中指的第二指节上，拳面平，手腕挺直稍内扣。拳分为拳峰、拳面、拳背、拳眼、拳心、拳轮等。在格斗中一般用拳峰、拳面、拳背、拳轮击打对手要害部位，通常分为立拳（图2-1-1）、平拳（图2-1-2）两种。

动作要领："一平"即拳面平；"一直"即手腕挺直。

易犯错误及纠正方法：一是拇指贴扣不到位；二是塌腕翻拳。

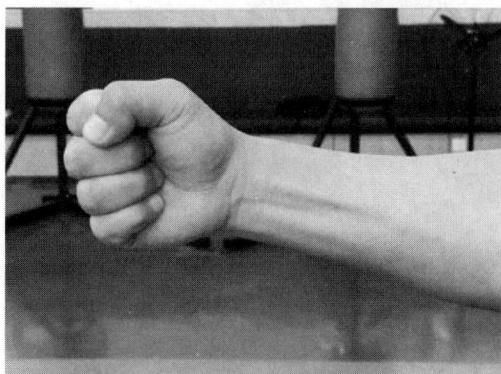
图2-1-1　立拳

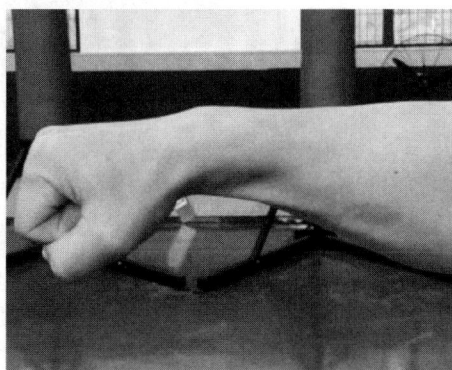
图2-1-2　平拳

二、掌

（一）立掌

四指并拢、伸直、拇指弯曲紧贴于虎口处。此掌分为掌背、掌指、掌外沿、掌心、掌根等。在格斗中一般用掌外沿、掌根推砍对手要害部位（图2-1-3）。

动作要领："一弯"即拇指弯曲；"两直"即四指伸直及手掌与小臂略成直角。

易犯错误及纠正方法：一是拇指弯曲、贴靠不到位；二是四指弯曲、掌立不直。

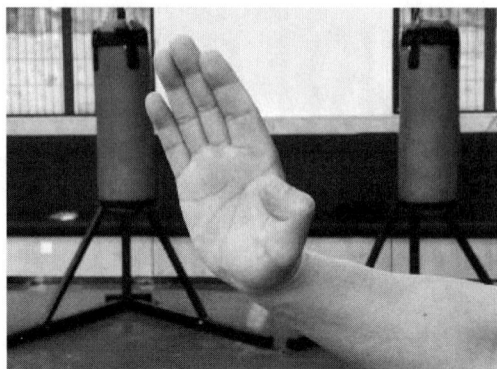

图 2-1-3　立拳

（二）八字掌

四指并拢伸直，拇指外展，虎口张开成"八"字。此掌主要用虎口卡、按、压对手要害部位（图 2-1-4）。

动作要领："一分"即拇指与四指分开成 90 度；"一直"即四指并拢伸直。

易犯错误及纠正方法：一是手指弯曲；二是拇指外张不到位。

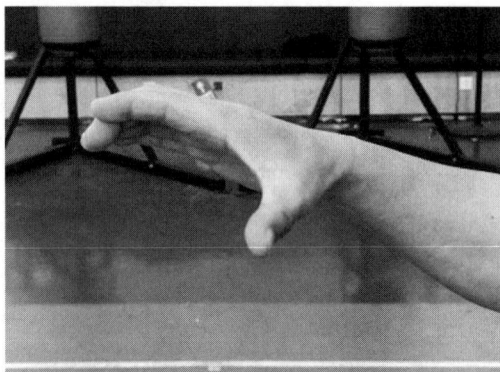

图 2-1-4　八字掌

（三）横掌

手掌伸直、手指并拢、掌心向下或向侧面、手臂与手掌大致呈一条直线、掌面与地面平行或接近平行（图 2-1-5）。

动作要领："一直"即五指并拢伸直；"一收"即手腕向内收紧。

易犯错误及纠正方法：一是手掌击出时偏离中线位置；二是手臂位置过高或过低；三是手腕未收紧；四是力量不足或发力方式不正确。

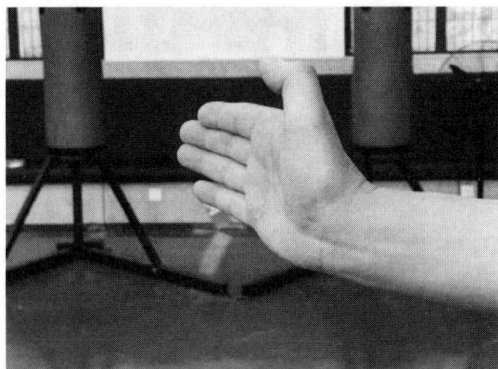

图 2-1-5　横掌

三、爪

第一，要熟练掌握正确的手型。鹰爪状手型要求四指并拢弯曲，拇指关节，形状如攫食之鹰爪（图 2-1-6）。这种手型在擒拿过程中能够提供稳定的抓握力量。

第二，注重力量的训练。擒拿鹰爪功需要强大的手指和手腕力量。通过抓握练习、抓沙袋等手段，可以有效增强这些部位的力量。

易犯错误及纠正方法：一是手腕松而无力；二是四指分开。

课后练习：反复练习擒敌术中的基本手法，如抓、扭、锁、扣等，确保动作准确、熟练。

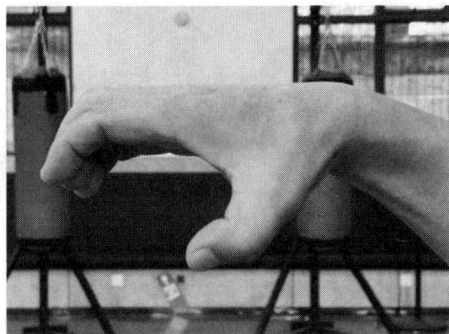

图 2-1-6　爪

训练科目二　基本步法

一、开立步

在立正的基础上，左脚向左前上步，脚尖微内扣 45 度，右脚尖外摆与正前方成 45 度，两脚之间距离约与肩同宽，两膝微屈，重心在两脚之间（图 2-1-7）。

动作要领："一快"上步快；"一曲"膝盖微曲；"一正"上体保持正直。

易犯错误及纠正方法：一是上步距离过大；二是膝盖不弯曲；三是两脚朝向不正确。

图 2-1-7　开立步

二、弓步

在立正的基础上，左（右）脚向前一步，左（右）腿屈膝 90 度，上体正直，双手握拳于腰际。后腿挺直，重心落于两脚之间（图 2-1-8）。

动作要领："两平"即胸、腹面与拳面平、背面平；"三直"即左小腿与地面垂直、右腿挺直、上体正直。

易犯错误及纠正方法：一是塌腰；二是撅臀；三是后腿挺不直。

图 2-1-8　弓步

三、马步

在立正的基础上，左脚向左横跨一步，距离大于肩宽，两脚尖朝前，两腿屈膝半蹲，膝关节约成 90 度，上体保持正直，重心落于两腿之间（图 2-1-9）。

动作要领："两直"即两膝与两脚尖在垂直面上成直线、上体正直；"两前"即两脚尖朝向正前方、目视正前方。

易犯错误及纠正方法：一是重心不居中；二是挺腹撅臀。

图 2-1-9　马步

四、仆步

在立正的基础上，右（左）脚向右（左）侧跨步，右（左）腿屈膝下蹲，左（右）腿伸直，支撑腿小腿立直，左脚脚尖内扣，右脚脚尖朝 45 度方向，目视左（右）侧（图 2-1-10）。

动作要领：右腿伸直，脚尖内扣，成右仆步；同时双手配合动作，保持身体平衡。

易犯错误及纠正方法：一是在形成仆步的过程中，要注意保持身体平衡，避免摇晃或倾斜；二是重心要稳定地放在左腿上，确保在实施擒拿动作时能够迅速、稳定地发力；三是双手动作要与步法协调配合，增强整体效果。

图 2-1-10　仆步

五、骑龙步

在立正的基础上，两脚成开立步站立，屈膝下蹲，重心落于两腿之间，向左转髋，右膝内扣，右脚跟离地微向外摆（图 2-1-11）。

动作要领：在形成骑龙步的过程中，重心应稳定地放在两腿之间，确保身体平衡。

易犯错误及纠正方法：一是重心不稳；二是动作不连贯；三是步幅过大或过小；四是姿势不正确。

课后练习：进行前进、后退、左右移动等步法的训练，提高移动中的稳定性和灵活性。

图 2-1-11　骑龙步

训练科目三　基本翻滚法与倒法

基本翻滚法与倒法是倒地时自我保护，避免摔伤，增强防护能力的方法。基本翻滚法与倒法训练必须遵守循序渐进的原则，给练习者创造安全的训练环境，逐步提高训练强度，通常按照着地方法练习，降低姿势练习和完整动作练习的步骤实施训练。

一、前滚翻

口令：前滚翻，开始。

动作要领：在立正的基础上，屈膝下蹲，双手撑地，弯腰勾头，以背部两手的蹬力迅速前滚翻，两手抱膝，迅速起立（图 2-1-12）。

动作重难点：滚翻快，起立迅速。

图 2-1-12　前滚翻

前滚翻

二、后滚翻

口令：后滚翻，开始。

动作要领：在立正的基础上，屈膝下蹲，弯腰勾头，借两手之力和两脚蹬力，迅速后滚翻，随即起立，成立正姿势（图2-1-13）。

动作重难点：蹬地有力，滚翻迅速。

易犯错误及纠正方法：一是滚翻方向不正确；二是蹬地无力，造成滚翻不够迅速。

图2-1-13 后滚翻

后滚翻

三、前倒

口令：前倒，起立。

动作要领：在立正的基础上，听到前倒的口令，身体自然前倒，两手置于胸前，掌心朝下，迅速前倒，两手主动拍地。听到起立的口令，两手撑地。左脚向前一步，右脚靠拢左脚，两手放下成立正姿势，左脚后退一步，右脚靠拢左脚，迅速调节位置（图2-1-14）。

动作重难点：身体挺直，抬头，以小臂和两手迅速拍地。

易犯错误及纠正方法：一是前倒倒地时身体放松；二是两臂腰和两脚没有撑起，导致腹部着地；三是前倒倒地时低头容易下颚着地。

课后练习：跪地前倒准备，拍地练习。弓步前倒准备，撤左脚或右脚，两手主动拍地练习。前倒缓冲练习，抓住练习者的腰带，练习者直立倒地。

图2-1-14　前倒

前倒

四、后倒

口令：后倒预备，停。

动作要领：在立正姿势的基础上。听到后倒预备的口令时，左脚向左跨出一步略与肩同宽，屈膝半蹲，两手自然后摆，五指并拢伸直。两手心相对，屈膝半蹲，身体前倾，目视正前方，听到停的口令，左脚靠拢右脚，两手放下，成立正姿势（图2-1-15）。

图2-1-15　后倒

后倒

五、侧倒

口令：倒功预备，侧倒起立。

动作要领：在倒功预备姿势的基础上，两膝向前下顶，同时上体后仰，两臂迅速前摆，身体随即向左（右）后转身，右（左）腿向左（右）轮摆扣脚，以右（左）脚全脚掌、两手及小臂拍地，身体左（右）侧着地，右（左）腿在上，两腿弯曲成剪式，听到起立的口令，两脚并拢，两手撑地。左脚向前一步，右脚靠拢左脚，迅速起立，向后转向前踢一步，成立正姿势（图2-1-16）。

动作重难点：挥臂摆腿快，以及倒地时两臂两手迅速拍地。

易犯错误及纠正方法：一是挥臂盖腿，转身不协调；二是转身时两臂两手拍地不够迅速；三是身体缩成一团。

课后练习：坐地摆腿练习；姿势定型练习；降低姿势练习；侧倒缓冲练习，抓住练习者的腰带，练习者身体撑起，右脚旋转向左全脚掌着地，两小臂、手着地。

图2-1-16 侧倒

侧倒

训练科目四 戒备姿势与格斗姿势

戒备姿势与格斗姿势是警察在执行日常公务活动中实施有效防卫、控制和制止暴力行为的基本姿势（以下所有技术动作均以右势为例）。

一、戒备姿势

（一）侧身戒备姿势

动作要领：两手自然下垂至腿部两侧，目视前方，神态自然，保持一种戒备状态（图 2-1-17）。

动作重难点：姿态自然放松的同时，能够随时处理突发事件。

易犯错误及纠正方法：学生站立时身体过于僵硬或放松，纠正时让学生放松心态、端正态度。

课后练习：在空旷场地或安全室内，反复练习侧身戒备的基本姿势，确保动作准确、稳定。

图 2-1-17　侧身戒备姿势

（二）搭手戒备姿势

动作要领：站立时，双脚分开与肩同宽，膝盖微屈，身体保持正直，重心稳定；右手抬起，前臂与上臂约成 90 度，手掌向上；左手手掌向下，轻贴于右手前臂外侧；两手前臂交叉，形成搭手戒备的基本框架。左手在腹前轻轻扣搭在右手腕部，目视前方，神态自然，保持一种戒备状态（图 2-1-18）。

动作重难点：神态自然放松，仪态端正，保持戒备。

易犯错误及纠正方法：学生站立时身体过于僵硬或放松，纠正时让学生放松心态、端正态度。

课后练习：在空旷场地或安全室内，按照所学内容，反复练习搭手戒备的基本姿势，确保动作规范、稳定。

图 2-1-18　搭手戒备姿势

（三）扶带戒备姿势

动作要领：双脚分开与肩同宽，身体保持正直，重心稳定，膝盖微屈以便灵活移动；右手自然下垂，左手抬起至胸前，掌心向上；右手搭在左手肘部，轻轻扶住，两臂形成一定角度；两手手指自然弯曲，避免僵硬。成警察侧身戒备姿势站立；两手放置于警械带上，目视前方，神态自然，保持一种戒备状态（图2-1-19）。

动作重难点：神态自然放松同时保持戒备，能够随时应对突发事件。

易犯错误及纠正方法：学生站立时身体过于僵硬或放松，纠正时让学生放松心态、端正态度。

课后练习：在空旷场地或安全室内，按照所学内容，反复练习扶带戒备的基本姿势，确保动作规范、标准。

图2-1-19 扶带戒备姿势

二、格斗姿势

（一）预备姿势

动作要领：散打的实战姿势一般分为左手在前的正架和右手在前的反架两种。运动员可以根据自己的习惯和爱好，选择合适的一种实战姿势作为最初学习散打的定势。本书均以正架为例。

1. 步型：两脚前后开立，距离稍大于肩。前脚掌稍内扣，后脚跟微离地。两膝微屈，身体重心在两腿之间。

2. 躯干：身体侧向前方，含胸收腹。

3. 手臂和头部：手型要求四指内屈，并拢握拳，大拇指横压于食指和中指的第二节指节上。前臂的肘关节夹角在90度至110度之间，拳与鼻同高，肘下垂；后臂的拳在颌下，屈臂贴靠于胸肋，下颌微收。目平视，合齿闭唇（图2-1-20）。

动作重难点：身体重心易偏移。学生长时间难以保持动作，防守意识不足。

易犯错误及纠正方法：身体重心过低、前倾或后倾，身体上部保护不够。纠正时，强调步法移动灵活，防守严密，姿势不可太低。重心控制在两脚之间，两手紧护躯体，尽量缩小暴露给对手打击的有效部位。

课后练习：为学习实战姿势，学生课后进行自主训练，以5分钟为一组保持实战姿势，一天练习5组。

图 2-1-20　预备姿势

（二）格斗基本步伐

格斗基本步伐是警察防卫与控制技术中进攻与防守的关键元素，是警察在执行日常公务活动中必不可少的基本技能。

1. 前进步。

动作要领：后脚向前蹬地，前脚迅速先向前进半步，后腿紧接跟进半步（图 2-1-21）。

动作重难点：右脚掌蹬地，左脚掌擦地面向前移动，上体保持平稳，右脚紧跟向前，目视前方。

易犯错误及纠正方法：初学者在步伐移动中像一个机器人一样。应放松，慢慢去体会，前脚上、后脚跟。

课后练习：快速前进接突停。以移动 8~15 米为一组，每天练习 4~5 组。

图 2-1-21　前进步

前进步

2. 后退步。

动作要领：前脚向后蹬地，后脚迅速先后退半步，前脚再回收半步（图 2-1-22）。

动作重难点：退步步幅不宜过大，重心平稳不能有起伏，衔接自然，整个过程速度应快。

易犯错误及纠正方法：初学者在步伐移动中像一个机器人一样。应放松，慢慢去体会，后脚退、前脚跟。

课后练习：快速后退接突停。以移动8~15米为一组，每天练习4~5组。

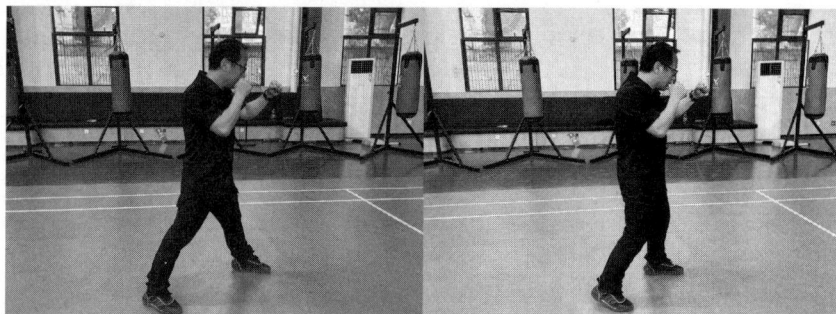

图2-1-22 后退步

后退步

3. 收步。

动作要领：左脚向后收步至右脚旁，脚掌点地，重心偏于右腿（图2-1-23）。

动作重难点：上体正直，虚实分明，前脚回收时不能超越后步，回收的步距视对方的进攻距离重点偏于右脚，多加练习，注意重心的转变。

易犯错误及纠正方法：初学者在步伐移动中像一个机器人一样。应放松，慢慢去体会，后脚退、前脚跟。

课后练习：以移动8~15米为一组，每天练习4~5组。

图2-1-23 收步

4. 撤步。

动作要领：左脚向后撤一步，脚跟离地，成右脚在前、左脚在后。重心在两腿之间，成反架势（图2-1-24）。

动作重难点：连续滑移的步子呈弧形连线，后脚步幅度稍大于前脚。

易犯错误及纠正方法：滑移时，上体与上肢不要随意摆动或者故意为之，保持基本姿势，做到以对手为圆心弧形滑移即围点。放松，慢慢去体会，后脚脚跟转变时，前脚也随之改变。

课后练习：以3分钟为一组，每天练习4~5组。

图 2-1-24　撤步

撤步

5. 上步。

动作要领：后脚经前脚前上一步，同时两臂前后交换，成反架势（图2-1-25）。

动作重难点：上步时重心要平稳，上步要快。

易犯错误及纠正方法：上步时身体不能前后摆动，上步与两手要同时交换，协调。不能先移重心再上步，而是应重心随上步同时移动。

课后练习：以3分钟为一组，每天练习4~5组

图 2-1-25 上步

上步

6. 插步。

动作要领：后腿经前腿后插一步，脚跟离地，两脚略呈交叉（图 2-1-26）。

动作重难点：保持重心平稳，插步后要及时还原成预备势。

易犯错误及纠正方法：插步时上体不能随意改变重心，需保持平稳，左脚在前右脚在后双脚尖成 45 度斜直线。右脚插入左脚后面，左脚顺势向前一步。反复练习。

课后练习：以 3 分钟为一组，每天练习 4~5 组。

图 2-1-26 插步

插步

7. 垫步。

动作要领：后脚蹬地向前脚内侧并拢，同时前腿屈膝提起，后腿连续蹬地向前移动，根据情况使用蹬、踹腿法（图2-1-27）。

动作重难点：垫步时，右脚向前垫，并迅速用脚掌着地；以向前垫为主，避免向上腾空过高。

易犯错误及纠正方法：垫步时，右脚腾空过高。垫步时，右脚从蹬地到落地不迅速。垫步时，右脚的全脚掌未着地。纠正垫步时，右脚跟离地，右脚全脚掌向前蹬地；随之，右脚全脚掌着地，右脚跟随之落地。右脚向前蹬地后，右脚全脚掌先着地，右脚跟随之落地。

课后练习：以3分钟为一组，每天练习4~5组。

图2-1-27 垫步

垫步

8. 闪步。

动作要领：左（右）脚向左（右）侧移半步，右（左）脚随之向左（右）滑步，同时身体向右（左）转动约 90 度（图 2-1-28）。

动作重难点：闪步是斜线行走步法，要求动作轻灵快速，要有突然性。上下肢配合要协调。

易犯错误及纠正方法：左脚侧移过大，右脚滑步过小，无法转体。纠正时，在地上画好双脚移动后的落地点，反复练习、体会；左脚原地不动，纠正时，做右脚蹬地、落步、转身动作，体会蹬转配合的动作过程。

课后练习：待闪步基本技术掌握后，可交换做向左右侧闪步。左、右各一次为一组。

图 2-1-28　闪步

闪步

9. 换步。

动作要领：左脚与右脚同时蹬地并前后交换，同时两臂也前后交换成反架势（图 2-1-29）。

动作重难点：重心的保持与手脚的协调动作。

易犯错误及纠正方法：易发生平移，动作避免双腿跳跃腾空过高。

课后练习：实战姿势站立原地换步训练，与其他步法配合训练。以 3 分钟为一组，每天练习 3 组。

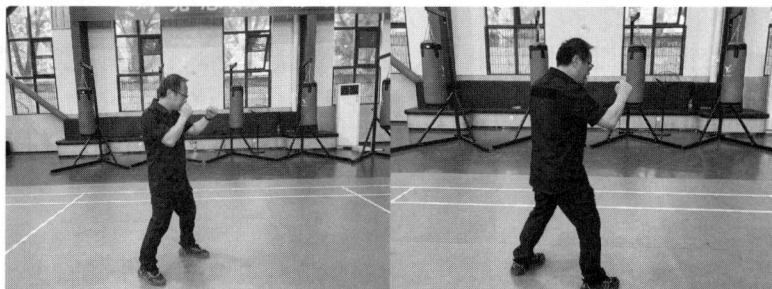

图 2-1-29　换步

换步

训练科目五　基本拳法

基本拳法是散打中基础的进攻手段，是警察在日常公务活动中必不可少的基本技能。

一、直拳

（一）左直拳

动作要领：由实战姿势，即由左脚、左手在前的正架势开始，右脚微蹬地面，重心微向前脚移动，上体微右转。同时左臂由屈到伸并内旋90度，直线向前冲出，发力于腰，力达拳面（图2-1-30）。

图2-1-30　左直拳

左直拳

（二）右直拳

动作要领：右脚微蹬地，并以前脚掌向内转，转腰送肩，上体左转。同时右臂由屈到伸并内旋90度直线向前冲出，发力于腰，力达拳面（图2-1-31）。

动作重难点：冲拳开始前，左手臂不可后引预摆，顺肩和冲拳协调一致，出拳要有爆发力和弹性，快速冲击，还要快速收回。

易犯错误及纠正方法：撩拳，因为在冲拳开始前，肘先于拳而动，所以形成往下撩的错误，纠正时，强调以拳领先，勿先动肘；或请同伴用一手拉拳，另一手按肘，体会动作要领；耸肩出拳紧张，肩部高耸，动作僵硬，速度慢，纠正时，模仿出拳时的慢动作练习，不要用太大的力，要求放松、顺肩，领会松肩的过程；出拳前先回拉，有预摆动作，纠正时，采用听击掌声为信号，听到击掌声响，立即上一步快速冲拳，从静止到出拳与击掌声相符。

课后练习：课后自行进行冲拳练习，以50拳为一组，每天练习4~5组。

图 2-1-31　右直拳

右直拳

二、摆拳

（一）左摆拳

动作要领：上体微向右转，同时左拳向外（约45度）、向前、向内成平面弧形横击，臂微屈，拳心朝下。同时转腰发力，力达拳面（图2-1-32）。

图 2-1-32　左摆拳

左摆拳

（二）右摆拳

动作要领：右脚微蹬地并以前脚掌向内转，合胯并向左转腰，右拳向外（约45度）、向前、向内成平面弧形横击。同时上体左转，腰胯发力，力达拳面（图2-1-33）。

动作重难点：上体微向右转，左拳向外、向前、向内成平面弧形横击臂微屈，拳心朝下，转腰发力，力达拳面。以腰带臂，出拳时手臂边前伸、边横摆，以加快速度。

易犯错误及纠正方法：贯拳幅度过大，纠正时，面对镜子或由同伴帮助，消除只想用力的心理，严格体会 贯拳的运行路线，待动作基本定型后再加大动作力量；翻肘过早，出现甩拳，纠正时，由同伴帮助，一手拉拳，一手按肘，克服翻肘的错误；向前探身，纠正时，多体会向右转腰发力的要领，或由同伴帮助控制身体前探。

课后练习：以50拳为一组，每天练习4~5组。对镜练习。

图2-1-33 右摆拳

右摆拳

三、抄拳

（一）左抄拳

动作要领：上体微左转，重心略下沉，腰迅速向右转，发力于腰，左拳由下向前上方勾击，上臂和前臂夹角在90度至110度之间，拳心朝里，力达拳面（图2-1-34）。

易犯错误及纠正方法：左拳向外绕行，纠正时，面对镜子，不追求用力，重点体会拳的运行路线；抄拳发力时上体后仰、挺腹，纠正时，重点体会蹬地转腰的要领以及内力的运用；重心上提、歪胯，纠正时，由同伴帮助，一手按头，一手扶胯，边练习边提示改进。

图 2-1-34　左抄拳

左抄拳

（二）右抄拳

动作要领：右脚蹬地，扣膝合胯，腰微右转。同时右拳向下、向前、向上勾击，上臂与前臂夹角在 90 度至 110 度之间，拳心朝里，力达拳面（图 2-1-35）。

动作重难点：重心略下沉，是为了更好地利用前脚蹬地拧转的反作用力，加大勾拳力量。动作要连贯、顺达，用力要由下至上。

易犯错误及纠正方法：右拳后拉，练习者想加大动作力度，以致右拳先后拉再上勾，出现严重预兆，纠正时，应消除单纯用劲心理。着重体会用劲路线和全身协调配合；身体向上立起，练习者没有体会合胯转腰的用力方法，过分追求蹬地伸髋，纠正时，由同伴协助控制重心的起伏，如一手按头，一手给靶（保持正确的高度），体会力从腰发的要领。抄拳时，臂应先微内旋再外旋，拳呈螺旋形运行。抄拳发力时，腰向右侧转动，发力短促。

课后练习：对镜练习自主纠正动作，以 20 拳为一组，每天练习 4~5 组。

图 2-1-35　右抄拳

右抄拳

四、转身右鞭拳

动作要领：右脚经左脚后插步，身体向右后转180度同时左拳与右拳一起回收至胸前。动作不停，上体继续向右转体180度，同时右拳反臂由屈到伸，向外、向右横向鞭打，拳眼朝上，发力于腰，力达拳背（图2-1-36）。

动作重难点：腰部带动右臂甩拳鞭打技术。难点是身体重心的控制。

易犯错误及纠正方法：转体停顿，站立不稳，纠正时，可专做转体练习；前臂没有外甩，形成直臂抡打，力点不准，纠正时，可原地练习鞭拳，体会前臂鞭甩的要领。

课后练习：小组打靶练习，以10拳为一组，每天练习4~5组。

图2-1-36　转身右鞭拳

转身右鞭拳

训练科目六 基本腿法

基本腿法是散打格斗中有效的进攻手段，是警察在日常公务活动中必不可少的基本技能。

一、正蹬腿

（一）*左蹬腿*

动作要领：右腿微屈支撑，左腿提膝抬起，勾脚，当膝稍高于髋时，以脚领先向前蹬出，髋微前送，力达脚掌（图2-1-37）。

图 2-1-37 左蹬腿

左蹬腿

（二）*右蹬腿*

动作要领：身体重心前移至左腿，左腿微屈支撑，身体稍左转；右腿屈膝前抬，勾脚，以脚领先向前蹬出，髋微前送，力达脚掌（图2-1-38）。

动作重难点：屈膝上提要充分，且与蹬腿要连贯、不可脱节，要运用送髋之力，使腿放长击远。要注意收腿的速度，应以踢击速度，甚至更快的速度收腿，以产生更大的威力。同时在踢击中，膝关节不可僵住，以防受伤。

易犯错误及纠正方法：提膝不过腰，髋、踝关节放松，力不顺达，纠正时，上体直立，多做提膝靠胸练习和左右转换的蹬腿练习，注意挺髋并稍前送。

课后练习：以20个为一组，每天练习5~8组。

图 2-1-38　右蹬腿

右蹬腿

二、侧踹腿

（一）左侧踹腿

动作要领：身体重心移向右腿，右腿微屈支撑；左腿屈膝抬起与髋同高，小腿外翻，脚尖勾起，由屈到伸展髋、挺膝向前踹出，上体微侧倾，力达脚底（图 2-1-39）。

图 2-1-39　左侧踹腿

（二）右侧踹腿

动作要领：身体左转 180 度，左脚尖外摆，重心移至左腿，左腿微屈支撑；同时右腿屈膝抬起与髋同高，大腿内收，脚尖勾起，脚掌正对攻击目标，随后由屈到伸向前踹出，上体微侧倾，力达脚底（图 2-1-40）。

动作重难点：踹腿是身体配合腿的屈伸运动，发力来自蹬地、展胯和快速直膝关节。要避免形成以膝关节为轴心发力的勾脚弹踢。完成动作瞬间，从平面看，上体与腿基本保持在一条线上，但不能低头收胯。

易犯错误及纠正方法：收腹、屈髋、撅臀、上体与腿不能成一条直线，打击距离短、速度慢、力量小。纠正时，手扶肋木或其他支撑物，一腿抬起，脚不落地，严格按动作要求，由慢到快反复练习踹腿。练习之初，踹腿的高度可适当低些，以后逐渐提高高度。

课后练习：扶墙练习感知动作，熟悉后以 20 个为一组，每天练习 4~5 组。

图 2-1-40 右侧踹腿

右侧踹腿

三、鞭腿

（一）左鞭腿

动作要领：右腿微屈支撑，上体稍向右侧倾；左腿屈膝向左侧摆起，扣膝，绷脚背，随即向前挺膝鞭甩小腿，力达脚背至小腿前下端（图 2-1-41）。

图 2-1-41 左鞭腿

（二）右鞭腿

动作要领：身体左转 90 度，重心移至左腿；同时右腿以大腿带动小腿屈膝前摆，扣膝绷脚，随即向前挺膝鞭甩小腿，力达脚背至小腿下端。右腿屈膝 落地成反架势（图 2-1-42）。

动作重难点：右腿微屈支撑，上体稍向右侧倾；左腿屈膝向左侧摆起，扣膝，绷脚背，随即向前挺膝鞭甩小腿，力达脚背至小腿前下端；鞭甩小腿，力达脚背至小腿前下端，动作迅速有力。

易犯错误及纠正方法：脚背放松，膝没内扣，力点不准，容易受损伤。纠正时，按动作要领多做绷脚背，鞭腿击打沙包、脚靶等物，体会击打时脚背的肌肉感觉和着力点。

课后练习：扶墙感知动作，小组进行打靶练习，以20个为一组，每天练习5~8组。

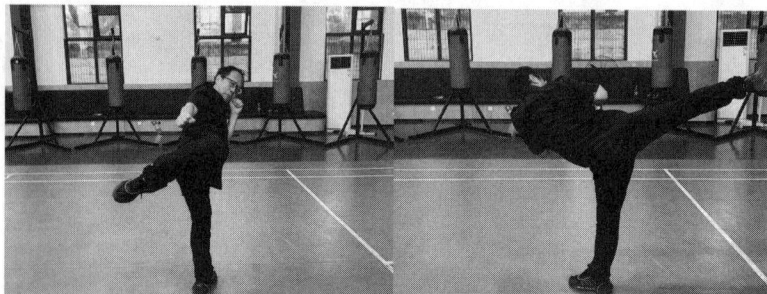

图 2-1-42　右鞭腿

四、转身后摆腿

（一）左转身后摆腿

动作要领：右脚向左前上步，腿微屈独立支撑，身体向左后转体360度，上体稍侧倾；同时左腿经右后向前摆起，脚面绷平，力达脚掌，目视左脚（图2-1-43）。

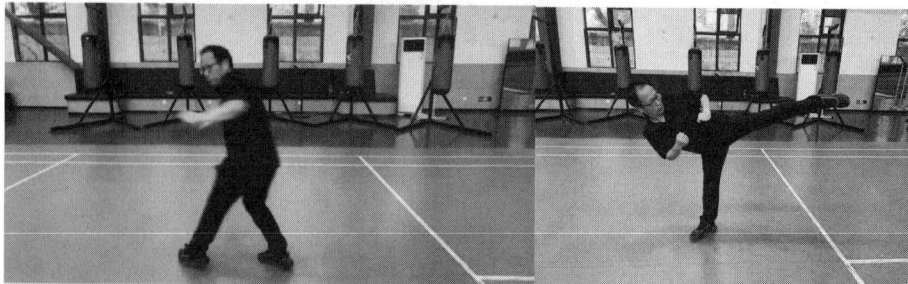

图 2-1-43　左转身后摆腿

左转身后摆腿

（二）右转身后摆腿

动作要领：重心移至左腿支撑，身体向右后转360度，随转体，上体稍侧倾。同时，右脚离地，右腿经左后向前摆起，脚面绷平。力达脚掌，目视右脚（图2-1-44）。

动作重难点：转体时头部一定要领先，以密切注视对方。踢击时髋关节要伸展。完成整个技术的过程中。动作要连贯，发力要顺畅。

易犯错误及纠正方法：猫腰，低头，收腹屈髋，扫摆无力，击打不到位。纠正时，多做摆腿击打沙包的练习，体会动作要领，注意转体时以头领先。

图 2-1-44　右转身后摆腿

右转身后摆腿

五、扫腿

（一）前扫腿

动作要领：以右前扫腿为例，重心移至左脚，左腿屈膝全蹲后，以左脚掌为轴，身体左转180度右腿由后向前旋转横扫，发力于腰，力达脚弓内侧至小腿下端。同时左臀着地，左大小腿盘叠（图2-1-45）。

图 2-1-45　前扫腿

（二）后扫腿

动作要领：重心移至左腿，屈膝全蹲，以左脚前脚掌为轴向右后转体180度，两手扶地；右腿向左后方弧线擦地直腿后扫，脚掌内扣，发力于腰，力达脚后跟至小腿下端背面。同时臀部着地，左腿盘叠（图2-1-46）。

动作重难点：要快速凶猛，用力要整，上下协调，重心稳固。

易犯错误及纠正方法：扫转腿弯曲，脚掌离地，转体与扫腿不连贯。纠正时，多做转体扶地扫腿的练习，体会整体用力的协调性。

图 2-1-46　后扫腿

训练科目七　基本肘法

肘部是人体最坚硬的部位。基本肘法在近身格斗中是非常重要的进攻手段，具有短、频、快等技术特点。是警察在日常公务活动中必不可少的防卫手段。

一、前平摆肘

动作要领：格斗式站立，抬肘与臂相平，前脚向前上一小步的同时前肘顺势平摆出，至自己面部的正前方止，然后肘与脚像弹簧一样按原路线收回，保持格斗势（图2-1-47）。

动作重难点：摆肘时后手护头，上步与摆肘同时进行，核心紧张。

易犯错误及纠正方法：前肘平摆时，后手与肘必须垂直护头于身体的侧面，头不可偏摆。前肘平挂时必须收腹，以进一步增强肘的压制力度及距离感。

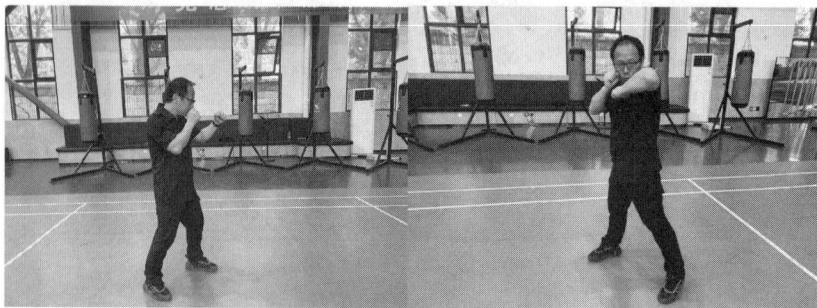

图 2-1-47　前平摆肘

前平摆肘

二、前上挑肘

动作要领：格斗式站立，前脚向前上一小步，后脚跟上重心前移。前脚尖拖地、抖内转回的同时，大小臂包住曲肘，顺肩以肘尖为攻击点反攻武器，内扣于面部，收腹送来肩向同侧上时挑选出，后手、肘应当横向护于头部与身体侧面。至下颌处或高于下颌但不要超过头部处时，肘沿原路线如弹簧般收回，后退一步，还原成格斗势（图2-1-48）。

　　动作重难点：肘挑至打击目标时大小臂必须夹紧，拳松。肘尖须向身体内侧微旋。肘挑至目标时，手放于耳根侧面，不要太偏后，配合收腹以充分发挥肘击之距离感。

　　易犯错误及纠正方法：挑肘时，后手易不护头，肘尖击打部位过上。纠正时，强调后手护头重要性，定动作练习停顿感，形成肌肉记忆。

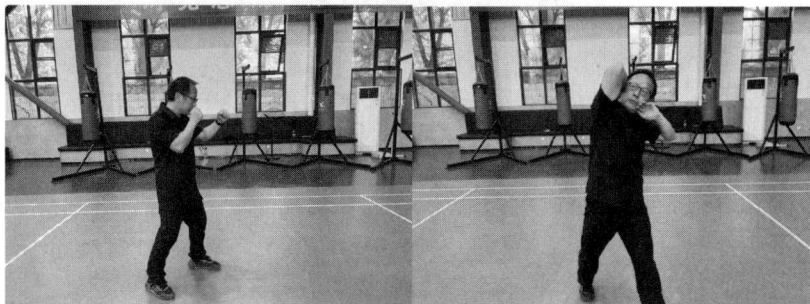

图 2-1-48　前上挑肘

前上挑肘

训练科目八　基本膝法

　　膝法是膝部技法的简称，它与肘法、脚法、拿法、摔法一起被称为武术中的五大技法。膝法的运用在我国各武术流派中占有重要地位，尤其在南拳中，膝法的运用更加广泛。膝法具有屈伸自如、灵活多变、攻击凶猛等特点，常常令对手难以防范。

一、左顶膝

　　动作要领：在格斗势基础上，右脚蹬地，左膝关节正前方向迅速提起，脚背绷直，含胸收腹，重心迅速前移，猛力向前顶击，着力点在膝关节前部，双手上抬保护自己头部及下颌，目视前方。顶击后，还原成格斗势（图2-1-49）。

　　动作重难点：着力点应在关节前部。顶膝时核心收紧，支撑脚蹬地。

　　易犯错误及纠正方法：顶膝时，重心过前，双手忘记护头。纠正时，强调双手护头的重要性，以及保持正确的重心。

图 2-1-49 左顶膝

二、左冲膝

动作要领：在格斗势基础上，右腿支撑，重心移向右腿，左膝屈膝上抬，大腿尽量贴近胸部，大小腿叠紧，以送髋、大腿向前下冲压的力量直线冲撞对方，着力点在膝关节前部，目视前方。顶击后，还原成格斗势。（图 2-1-50）

动作重难点：着力点在膝关节前部，动作完成后迅速还原成格斗势。

易犯错误及纠正方法：冲膝时，重心发生偏移，大小腿、大腿与胸部紧贴度不够，不能充分发力。纠正时，辅助学生感知重心，增强柔韧度练习。

图 2-1-50 左冲膝

训练项目二 防守反击技术

训练科目一 格挡

动作要领：格斗势准备，当对方攻击时，紧握拳以小臂向上横格挡（大臂与小臂夹角大于 90 度），要求反应快抬肘横格挡要干脆，动作幅度不要太大并迅速恢复格斗势（图 2-1-51）。

易犯错误及纠正方法：肘关节夹角未大于 90 度，格挡未超出保护的身体部位。

应用要点：格挡应用性广泛，对手采用进攻手段时均可采用前后左右格挡技术防守。

图 2-1-51　格挡

格挡

训练科目二　挂挡

动作要领：格斗势准备，含胸收腹，身体向右（左）微侧，左（右）臂曲臂利于肩部以上贴近头部，大小臂夹紧，使身体暴露面减少（图 2-1-52）。

易犯错误及纠正方法：手臂上扬幅度过低，大小臂未夹紧，未能起到防护作用。

应用要点：挂挡主要应用于对手正面（侧面）击打时，作为自身主要防守方式之一，在进行挂挡防守后，可立即贴近对手采用拳肘技术动作进行进攻。

图 2-1-52　挂挡

挂挡

训练科目三 拍挡

动作要领：格斗势准备，对手在进行正前方进攻时，以左（右）手掌心由左（右）至右（左）进行横向拍挡防守（图2-1-53）。

易犯错误及纠正方法：未能找准时机进行有效的拍挡，拍挡角度不正及力度不足。

应用要点：拍挡主要应用于对手正面的进攻防守手段，在进行拍挡防守后，趁对手不备，立即采取近身拳肘进攻。

图2-1-53 拍挡

拍挡

训练科目四 提膝

动作要领：格斗势准备，对手使用腿部进攻手段扫踢我方腿部时，保持身体重心，前脚用力迅速抬腿，提膝进行防守，躲避对手的攻击（图2-1-54）。

易犯错误及纠正方法：身体重心不稳，起脚提膝过慢。

应用要点：提膝可应用于对手利用腿法进攻我方时使用，在进攻髋部以上部位时，提膝幅度应更大，在进攻髋部以下部位时，提膝闪躲，伺机进攻。

图2-1-54 提膝

提膝

训练项目三 单警控制技术

单警控制技术是指警察在警务执法及抓捕罪犯中常用警务技能，主动接近对方并快速地使用打、摔、拿等徒手综合技术，在最短时间内控制对方，为下一步捆绑、上铐、搜身、押解带离工作做好准备。

单警控制技术要求采用各种手段、有利条件、合适距离和角度抓住最佳时机，采取最有效性的方法主动突袭控制对方。其特点是突然性并快速有效在对方尚未反应察觉之时就已将其制服并控制，使其对方无法反抗，为达到这一目的，在使用这种技术时应考虑到动作的可行性和适应性，必须在有绝对把握的情况下，迅速果断、机智灵活使用，所以单警控制技术要在实战练习中掌握得精练娴熟，并在执勤抓捕时瞬间快速完成主动控制动作。

因为单警控制技术是各种技术的综合体现，所以平时练习时需加强各种基本格斗技能的训练，提高各方面的素质和应变能力，以便在实践中发挥和运用。同时练习时学员之间应把握好用力尺度，避免受伤。

训练科目一 挑肘别臂

甲方正面靠近乙方，突然对乙方进行右手挑肘左手别臂动作加以控制，是正面进行抓捕控制常用动作。

动作要领：甲方从正面靠近乙方，甲方左手突然抓住乙方右手腕并向后推开，右手挑击乙方肘部，进步右转身时，甲方左手推折乙方手腕，右手按压住乙方肩部，将其制服（图2-1-55）。

动作重难点：抓腕挑肘要猛，推压要狠。

易犯错误及纠正方法：挑肘后，左手推压手腕不到位，右手按压住乙方肩部力度不够。两人一组多做挑、推、转、压连贯动作纠正错误。

课后练习：练习小臂及腰髋力量。

图 2-1-55　挑肘别臂

挑肘别臂

训练科目二　抱膝压伏

甲方从对后靠近乙方，突然上步对乙方采取抱膝顶摔动作加以控制，是后面进行抓捕控制常用动作。

动作要领：甲方从后靠近乙方，甲方突然上步抱住乙方双膝后拉，同时肩向前顶乙方臀部，将其摔倒，乙方倒地后，甲方迅速右腿跪压乙方背部，将乙方右臂从颈部绕过并按压住手腕，左手锁住乙方下颚（图 2-1-56）。

动作重难点：抱膝顶臀同时发力，按压锁喉要果断。

易犯错误及纠正方法：上步距离不够，影响抱膝顶臀发力。两人一组，分解多练习上步抱膝，要求手抱膝紧，肩部与对方臀部贴近。

课后练习：增加小臂拉力及腿部爆发力练习。

图 2-1-56　抱膝压伏

抱膝压伏

训练科目三　锁喉切摔

甲方从乙方背后上步靠近，采取锁喉切摔后跪压制伏，是从后面进行抓捕控制常用动作。

动作要领：甲方从后接近乙方锁喉拉肘右脚放置两腿之间，右手穿过乙方下颚，用前臂，上臂锁紧颈部两侧，左手抓乙方左手手腕，撤步后拉破坏乙方平衡，蹬地转髋，右肩切颈部做切摔，锁肩折腕，右脚上步，右膝跪腰眼，左脚上步，左膝跪颈部，左手上提，右脚上步，两手同时折腕（图 2-1-57）。

动作重难点：上臂锁颈同时左手抓腕，后撤步后拉，破坏对方平衡连贯动作，蹬地转髋，右肩切颈部切摔动作发力。

易犯错误及纠正方法：右手上臂锁颈左手抓腕后撤步后拉自身重心不稳，且切摔动作发力没有蹬地转髋。两人一组分解练习上步锁颈、抓腕撤步后拉动作，要求右手锁颈力度到位，后拉后保持肩部与对方颈部贴近。

课后练习：增加手臂及大腿部位力量练习。

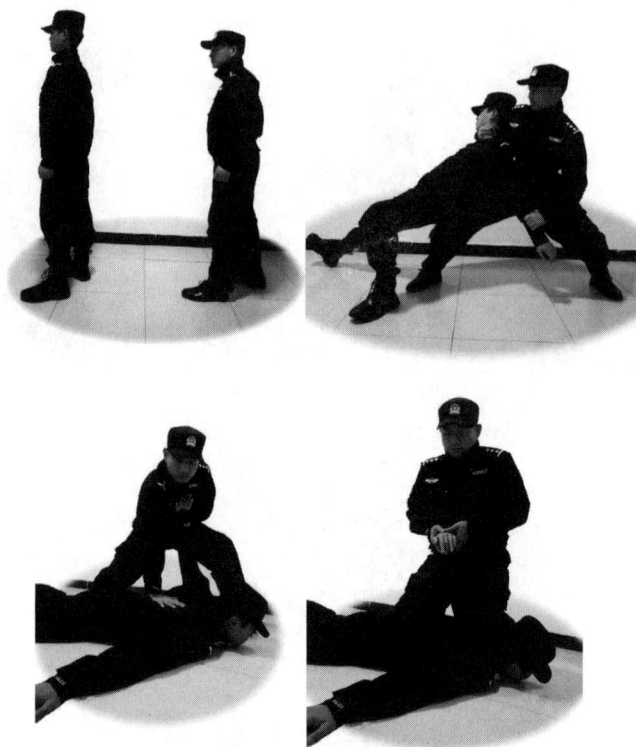

图 2-1-57　锁喉切摔

锁喉切摔

训练科目四　打腿压摔

甲方从乙方左侧靠近，突然下潜左转体，打腿压摔摔倒乙方后制服，是从侧面进行抓捕控制动作。

动作要领：甲方从左侧靠近乙方，甲方突然下潜左后转身，左手向上打拉乙方左小腿，右手顺势按压肩部，将其摔倒，乙方倒地后，甲方可用跪压制服（图 2-1-58）。

动作重难点：下潜左转身，打压要连贯有力。

易犯错误及纠正方法：转身不到位，只打腿不压肩，无法摔倒对方，两人一组分解练习上步下潜左转体，再练习打腿压肩技术。

课后练习：增加手臂拉力、拍打力量练习。

图 2-1-58　打腿压摔

打腿压摔

训练项目四　单警解脱技术

单警解脱技术是警察防卫控制技术一种制服对手的技术，解脱控制最终目标是制敌，击打要害、反折关节是解脱控制实战中的主要技术。因此在实战中，警察应快、准、狠、猛地制服犯罪嫌疑人。单个警察在使用解脱控制技术时，务必密切注意和分析敌我双方所处的态势，有针对性地审时度势并随机应变，同时不能暴露我方意图，要在敌方意想不到的情况下，出其不意，攻其不备，另外要"以快打慢、以巧取胜"，采用灵活多变的战术将敌方制服。当遇到推拉纠缠情况或在搏斗中与敌方对抗时，不仅要有效使用解脱控制技术，而且还要灵活运用解脱控制技术，做到"脱快、控牢、制服"，达到制止犯罪、擒获犯罪嫌疑人的目的。

随着警察使用警械武器及其他强制手段的法律法规的不断完善，单警解脱控制技术在有效制止违法犯罪行为，制服抓捕犯罪分子，以及保障警察在执法中人身安全等方面的作用已愈见明显。因此，警察熟练掌握单警解脱控制技术，就能在与敌方对抗中大显身手，可以攻防自如、克敌制胜，极大地提高警察执法战斗力。

通过单警解脱控制技术训练可以提高个人品质意志和执法水平，而且还能加强警察队伍团结协作的战斗力，以及稳固严格组织纪律性。

训练科目一　手腕被抓时解脱防卫

当甲方右手腕被乙方右手抓住时，采取的切腕压肘解脱控制乙方，是单警解脱技术。

动作要领：当乙方右手抓住甲方右手腕时，甲方左手猛拍其手背并扣紧，稍向里带，尽量拉直乙方手臂，随即向右转体，以右手小指外侧掌缘顺着乙方手腕，猛力向上，向外缠绕下切，并两手同时用力向前紧顶下压乙方肘关节将其制服（图2-1-59）。

动作重难点：扣手要紧，外旋切腕要突然。

易犯错误及纠正方法：左手猛拍其手背扣不紧，右手向外缠绕下切不到位，对方容易挣脱，需两人一组反复练习才能掌握。

课后练习：增加小臂拉力、手腕扣与切的力量练习。

图2-1-59　手腕被抓时解脱防卫

手腕被抓时解脱防卫

训练科目二　肩部正面被抓时解脱防卫

当甲方肩部被乙方抓住时，采取攻击乙方下颚及腹部，解脱后控制乙方，是在正面执勤遇到纠缠时常用的解脱技术。

动作要领：当甲方正面被乙方抓住肩部时，甲方用左手抓住乙方右臂，右掌猛击对方下颚，趁其向后仰之机，右手抱握乙方颈脖向下回拉用腿冲膝前顶，攻击腹部位（图2-1-60）。

动作重难点：抓臂击颚要狠，拉颈和冲膝前顶要协调有力。

易犯错误及纠正方法：拉颈和冲膝同时发力不到位，无法攻击对方腹部，需两人实战模拟反复练习才能掌握。

课后练习：增加手臂推力与拉力、腿部冲膝力量练习。

图 2-1-60　肩部正面被抓时解脱防卫

肩部正面被抓时解脱防卫

训练科目三　前衣领被抓时擒拿防卫

当甲方前衣领被乙方左手抓住无法摆脱时，采取的一种控腕压肘技术解脱乙方纠缠，是执勤中正面常用解脱技术。

一、甲方衣领被乙方左手抓紧

动作要领：当甲方衣领被乙方左手抓紧时，甲方双手迅速抓其手背，双手虎口向内，拇指紧扣手掌内侧，右腿上步同时向内旋压乙方肘关节，将其制服（图 2-1-61）。

动作重难点：双手抓腕要紧，上步旋腕压肘连贯迅速。

易犯错误及纠正方法：甲方内旋压乙方肘关节时，右腿没及时上步，造成无法近距离压制肘关节，两人实战模拟反复练习可以纠正。

课后练习：增加小臂及手腕力量练习。

图 2-1-61　甲方衣领被乙方左手抓紧

甲方衣领被乙方左手抓紧

二、甲方衣领被乙方右手抓紧

当甲方衣领被乙方右手抓住时，采取的一种推腕打肘十字锁肘解脱控制技术，在正面执勤发生纠缠中常用动作。

动作要领：当甲方衣领被乙方右手抓紧时，甲方右手迅速抓住乙方手腕同时上推，左手抬起用力打击乙方肘部使其弯曲，向内穿插抓住自己右手小臂，形成十字锁住乙方肘关节，同时上步右腿勾踢乙方倒地，将其制服（图2-1-62）。

动作重难点：右手上推左手打击同时，果断有力，压肘勾踢迅速到位。

易犯错误及纠正方法：左手抬起打击对方肘部力度不够，不能使其弯曲，形成十字锁控制对方。两人一组反复练习打肘推臂技术动作，使其动作规范。

课后练习：增加手臂推力、手掌砍击、小腿勾踢力量练习。

图2-1-62　甲方衣领被乙方右手抓紧

甲方衣领被乙方右手抓紧

训练科目四 头发被抓时解脱防卫

当甲方头发被对方正面抓住时，采取的一种撤步压腕解脱技术。

一、（前方）头发被抓时解脱防卫

动作要领：当乙方由前右手抓住甲方头发时，甲方右手迅速扣紧乙方手背，右腿向后撤步，两手反折乙方右手腕，同时向前下猛拉乙方手腕使其跪地前倒，将乙方右臂从颈下绕过同时右转身骑压乙方腰部，将其制服（图2-1-63）。

动作重难点：扣手背要准，反折腕前拉要狠，绕颈骑压迅速。

易犯错误及纠正方法：扣紧乙方手背时，右腿向后撤步，两手没反折乙方右手腕发力，无法使其对方跪地前倒，两人一组反复练习撤步、后拉、折腕连贯动作，一定使对方跪地前倒。

课后练习：增加手腕及手指力量练习。

图 2-1-63 （前方）头发被抓时解脱防卫

（前方）头发被抓时解脱防卫

二、（后方）头发被抓时解脱防卫

当甲方头发被乙方从后抓住时，采取拧腕击腹解脱控制乙方，是在被乙方背后袭击时常用解脱技术。

动作要领：当乙方由后抓住甲方头发时，甲方双手迅速扣紧乙方手背，身体迅速向左旋转，双手拧紧乙方手腕，右腿踢其腹部（图2-1-64）。

动作重难点：双手抓手背身体旋转迅速，踢击要准、狠。

易犯错误及纠正方法：抓手背时身体旋转方向转错无法完成踢击动作，或者踢击腹部不准。两人一组模拟实战反复练习即可纠正转体错误。

课后练习：增加韧带练习，腿部踢击力量练习。

图 2-1-64　（后方）头发被抓时解脱防卫

（后方）头发被抓时解脱防卫

训练科目五　腰部自后被搂抱时解脱防卫

当甲方被乙方从背后抱住腰部时，采取的一种简单有效的肘击解脱技术。

动作要领：当乙方从后抱住甲方腰部时，甲方左手迅速抓住乙方右手小臂，身体下沉，突然拧腰转身以右肘击打乙方右侧面部（图 2-1-65）。

动作重难点：抓臂要猛，下沉要快，利用转身腰力肘击要狠。

易犯错误及纠正方法：肘击时没有利用转身腰力，肘击部位不准，无法重创对方。两人一组模拟实战反复练习，找准目标转体肘击。

课后练习：增加腰髋转体练习，肘部横击力量练习。

图 2-1-65 腰部自后被搂抱时解脱防卫

腰部自后被搂抱时解脱防卫

训练科目六 腿部被抱时解脱防卫

当甲方被乙方抱住左腿时，采取的一种抗摔变为主动摔的解脱控制技术。

动作要领：当乙方迎面突然抱住甲方左腿，甲方迅速后撤右步，左手按压乙方颈部，右手扣住其臀部向左旋转将其摔倒（图 2-1-66）。

动作重难点：撤步按头迅速，转身要猛。

易犯错误及纠正方法：当乙方抱住甲方左腿，后撤右步不及时，无法完成抗摔动作。两人一组按模拟实战，让对方进攻抱腿反复练习后撤压颈动作。

课后练习：增加腰腹部及上肢力量练习。

图 2-1-66 腿部被抱时解脱防卫

腿部被抱时解脱防卫

训练项目五　徒手实战综合运用技术和多警控制技术

徒手实战综合运用技术，是指将防、打、拿、控、铐、查、搜、押等各项徒手防卫、控制技术与具体实战情境相结合，进行综合性组合运用的过程。注重培养警察发现和利用犯罪嫌疑人的弱点或薄弱环节，避其锋芒，攻其不备，随情而变，因情施技的实战技能应用能力，以及密切协同、整体作战的警组（队）综合处置能力。实战综合运用，应着重研究在实战中的运用，施计用谋，以智取胜，只有具备了明确的战术指导思想，使技术运用达到预期的战术意图，才能更加有效地发挥徒手技术的威力，避免或减少伤亡，最终达到依法制服、擒控违法犯罪嫌疑人的实战目的。

多警控制技术是指在执法或应急情况下，多个警察协作配合，共同对某个目标或局面进行控制和管理的行动。通常涉及多个警察之间的协调和沟通，以确保行动的一致性和有效性。通过多警控制技术，可以更好地应对复杂的局面，提高控制能力和应对能力。多警控制技术可以应用于各种场景，如群体性事件、犯罪事件、紧急救援等。在多警控制技术中，警察通常会根据具体情况制定相应的策略和计划，并通过协作和配合来实现控制目标。多警控制技术的实施需要警察具备良好的沟通能力、团队合作能力和应急处置能力。同时，也需要进行充分的训练和准备，以确保多警控制行动的顺利进行。多警控制技术通常具有以下特点：

第一，协作性。多警控制技术需要多名警察之间的紧密协作。他们通过相互配合和协调，共同执行控制任务，以确保行动的顺利进行。

第二，安全性。多警控制技术旨在最大程度地减少风险和确保警察及周围人员的安全。警察会接受专业的培训，学习如何有效地控制局面，同时避免不必要的暴力和伤害。

第三，灵活性。多警控制技术可以根据不同的情况和对象进行调整和适应。警察可以根据实际情况选择合适的控制方法和策略，以达到最佳效果。

第四，高效性。多警控制技术的目的是迅速控制局面并解决问题。通过合理的分工和协同配合，多警控制技术可以在短时间内实现对目标的有效控制。

需要注意的是，具体的多警控制技术可能因不同的地区、部门或组织而有所差异。这些特点是一般而言的常见特点，实际情况可能会有所不同。

训练科目一　双人徒手控制技术

一、搓肘别臂结合压臂控制（两侧接近控制）

动作要领：A 警察在对方的右后侧，B 警察在对方的左前侧，由前、右后两侧自然接近对方。A 警察快速上步接触对方，由后以压臂动作迅速控制对方右臂（压臂动作要领：当我方至于对方的右后侧时，用右手抓握其右手腕，并向里回拉、反折的同时，快速上左步成左弓步，用左大臂腋下下压其右大臂，别压其肘关节，将其控制）；

B警察同时迅速上步，以搓肘别臂动作控制其左手（搓肘别臂动作要领：当我方接近对方时，右脚上步成右弓步于对方左脚外侧，右手成掌，从对方小臂内侧插入并用我方小臂向前上方滚搓其小臂，同时左手由外抓握其左肘关节，回拉使其臂内旋，随即，我方屈右臂，右肩臂贴靠其右小臂，迫使其屈肘并贴近我方前胸；同时，向左转体成左弓步，右手顺势自上而下扣抓其左大臂并屈肘夹紧其小臂，左手折压其腕关节，迫其上体前倾于我方左大腿处；以夹肘、别臂夹臂将对方控制）。两位警察同时合力内挤并下压，将其控制。此技术运用主要针对一般犯罪嫌疑人。

动作重难点：接近时一定要自然，A警察实施动作时一定要快、准、狠、猛；B警察协同要及时，动作力求同步实施；两人配合要默契，力争在最短的时间内，以最快的速度，将其制服。

易犯错误及纠正方法：一是整个动作的完成缓慢、不协调、力度不够；二是对各关节部位的控制不牢固；三是两人协同配合不默契。

教学重点：两名警察分别于犯罪嫌疑人右后侧和左前侧，右后侧位警察，用右手抓握其右手腕，并向里回拉、反折的同时，快速上左步成左弓步，用左大臂腋下下压其右大臂，别压其肘关节，将其控制；左前侧警察右脚上步成右弓步于对方左脚外侧，右手成掌，从对方小臂内侧插入并用我方小臂向前上方滚搓其小臂，同时左手由外抓握其左肘关节，回拉使其臂内旋，随即，我方屈右臂，右肩臂贴靠其右小臂，迫使其屈肘并贴近我方前胸；同时，向左转体成左弓步，右手顺势自上而下扣抓其左大臂并屈肘夹紧其小臂，左手折压其腕关节，迫其上体前倾于我方左大腿处；以夹肘、别臂夹臂将对方合力控制后，可配合上铐、搜身带离。

教学难点：两名警察在拉臂折肘时距离过于拉开，易造成控制失误，应在控制时，向犯罪嫌疑人前后呈包夹夹击，控肘时需向警察胸前紧贴，便于固定肘部，瞬间猛地发力，最终形成合力控制。

二、抱膝顶摔结合夹颈、抓控双手（前、后接近控制）

动作要领：A警察在对方的后方，B警察在对方的前方，自然接近对方。当靠近时，A警察由后突然抱膝顶摔将对方摔倒（抱腿顶摔动作要领：当我方由后接近对方时，上右步成右弓步于其右脚外，快速以双手抱住其两腿将其摔倒，呈俯卧状，同时用左腿压住其两小腿将其牢牢控制）。B警察立即上前用双膝内侧夹住其头颈，并将其手臂控制住。此技术运用主要针对重特大案件犯罪嫌疑人和有严重暴力倾向的嫌疑对象。

动作重难点：A警察使用抱腿顶摔动作要正确、快速，整个动作要一气呵成；B警察跟进要快，对头部、手臂的控制要牢固，两人动作过程要流畅、配合要默契。

易犯错误及纠正方法：整个动作的完成缓慢、不协调、力度不够，对各关节部位的控制不牢固。

三、由后夹臂折腕结合控制（由后接近控制）

动作要领：对方为非重大暴力案件的犯罪嫌疑人且没有持械时，我方两名警察由后面接近对方，靠近对方时，同时从左右两边使用夹臂屈肘扣腕动作控制住对方。夹臂屈肘扣腕，以左侧为例——我方由左后接近，左脚在前，在对方左后侧突然用右手由后抓握对方右手腕并迅速上挑，左手控制住对方左肘并往下压，运用右手上挑左手下压的力量使对方小臂上抬至大小臂折叠，接着左手迅速上移至对方手腕处协助右手完成扣腕动作，同时观察监控周围环境。

动作重难点：拥挤的人群中，不易被发觉的情况下由后近身突然袭击；左右两名警察密切协同，同时发起进攻；抓腕同时压肘、屈臂、扣腕一气呵成；随时监控周边环境；控制后可以结合上铐捆绑等动作。若对方拼命挣扎反抗或表露出有重大暴力的能力，如在控制过程中发现对方身上携带器械，则可以左右两名警察同时绊腿使其俯卧倒地，使用左右两名警察跪压控制；针对群体性事件闹事的主要带头人也可以采取此方法，控制后迅速带离。

易犯错误及纠正方法：左右两名警察没有同时进攻，错失了战机；事先暴露意图，破坏行动隐蔽性；没有夹住对方大小臂，没有扣腕。

四、实战范例

（一）范例一

1. 情景显示：对方为一般犯罪嫌疑人，未发觉我方意图，未发现携带危险品，有反抗的可能。

2. 动作实施：A警察在对方身后，B警察在其右后，自然接近对方；当接近时，A警察突然以蹬膝锁喉控制对方，使其双膝跪地，左手抓其左手拧于背后；B警察迅速上前将其右手拧于背后；B警察以右手压颈控制，A警察腾出右手快速上铐；由A警察进行控制，B警察实施检查；检查完毕后，迅速带离现场。

3. 实施要点：散开要自然，接近要隐蔽；A警察控制要迅速，B警察协同要及时；控制、上铐、检查要配合默契。

（二）范例二

1. 情景显示：对方为暴力犯罪嫌疑人，没有发觉我方意图，未发现携有危险物品，有可能实施反抗行为。

2. 动作实施：A警察在对方身后，B警察在其右后侧，自然接近对方；当接近时，A警察突然以抱膝顶摔将其摔倒并快速骑压其腰部；B警察迅速上前，以折膝跪压将其控制；A警察用抓发拧臂分别将其左、右臂拧于背后，上铐并检查；翻转对方呈仰卧后，A警察跪颈控制，B警察搜其正面；检查完毕后，拉起并迅速带离现场。

3. 实施要点：A警察行动要突然、迅猛；B警察跟进折膝要及时，控制要牢固；动作配合要迅速、默契。

（三）范例三

1. 情景显示：当对方为暴力犯罪嫌疑人，携带有危险物品，未发觉我方意图，我方有接近的条件和机会时。

2. 动作实施：A警察在对方右侧，B警察在左侧呈夹击状态，自然、隐蔽接近对方；两名警察同时突然以别臂压肩将其右、左臂用力拧于背后（如遇暴力反抗，可由A警察抬起右膝顶击其胸、腹部，致其停止反抗）；两人同时向下别压，迫使其摔倒；A警察以别臂和跪腰控制，配合B警察迅速上铐；由B警察拉铐、夹头控制，A警察检查，排除危险；完毕后，扶起对方并快速带离现场。

3. 实施要点：两人行动必须要同时、突然，并首先将对方双手擒住，顶膝要狠，压摔要猛，连接速度要快，配合要默契。

训练科目二　三人徒手控制技术

一、三对一锁喉结合折膝别臂（前、侧及后接近控制）

动作要领：当对方为持械或牵涉案件为重大暴力案件的犯罪嫌疑人时，A 警察在对方的后方，B 警察在对方的左侧，C 警察在对方的前方，呈包围状自然接近对方。A 警察首先由后靠近，右手前插锁喉，左手抓握其左手臂，以勒颈、下拉、转体之合力将其摔倒后，跪压控制其肩颈及左手臂。C 警察立即上前抓握其两踝关节处，将其两小腿交叉折膝，使其右小腿压住其左脚腕处并将其双腿控制；B 警察快速上前，以跪压的动作控制其另一手臂。

动作重难点：不易被发觉的情况下由后近身突然袭击；A 警察锁喉动作要快速、协调、连贯；C 警察抓踝控制双腿要牢固；B 警察抓控其手臂要牢固；三人要配合默契；可以结合上铐捆绑等动作；控制后要警戒，注意对周围环境的监控。

易犯错误及纠正方法：两侧警察没有及时进攻，错失了战机；两侧警察抢先动手暴露了目的；配合不默契，容易撞在一起；锁喉摔不到位——锁喉时没有扣住对方肩膀、没有向后下方拽拉对方手臂、锁喉的手没有往后下方切压，没有运用转体使其倒地，没有合理迅速跪压。

二、三对一切别摔结合折膝

动作要领：当对方为持械或牵涉案件为重大暴力案件的犯罪嫌疑人时，A 警察从正面接近，B 警察从对方后侧接近，C 警察从对方左侧接近，A 警察突然运用切别摔技术摔倒对方。在 A 警察接触对方后，B 警察迅速接近进行折膝，C 警察迅速接近进行跪压，控制住对方左侧。当 A 警察、C 警察完成跪压后，B 警察可以起立单脚踩压住对方双脚交叉处，并且注意戒备，监控环境。

动作重难点：不易被发觉的情况下前后近身突然袭击；切别摔的左手拽、右手切、右腿绊的方向力量要同时到位；拧转时膝盖不允许离开对方身体；保持对方手臂伸直；跪压要整体配合，一气呵成；可以结合上铐捆绑等动作；控制后要警戒，注意对周围环境的监控。

易犯错误及纠正方法：两侧警察抢先动手暴露了目的；配合不默契，容易撞在一起；切别摔不到位，左手没有往后下方拽拉，右手没有往左前下方切压，右腿没有从前往后上方挑绊，对方倒地后没有迅速跪压顶肘，在转体时没有以右膝为支点，右膝离开了对方身体。

三、由前挑（搓）肘别臂结合控制

动作要领：当对方为没有持械，牵涉案件是非重大暴力案件的犯罪嫌疑人时，我方三名警察正面接近对方，当与对方快擦肩而过时，A 警察、B 警察从左右两边同时使用挑肘别臂技术控制住对方。挑肘别臂，我方左（右）脚在前，在对方左（右）前侧突然用左（右）手抓握对方右（左）手腕，且用右（左）小手臂由下至上挑击对方右（左）肘部，同时原地向右（左）后转体 180 度，重心前压，右（左）手紧紧扣压住对方右（左）肩，左（右）手推对方小臂使对方大小臂弯曲折叠并扣腕。C 警察在同伴使用挑肘别臂时，迅速用双手往下按压住对方头部，使其降低重心，不能抬头，无法挣脱，并且观察监控周围环境。

动作重难点：拥挤人群中，不易被发觉的情况下近身突然袭击；左右协同密切，同时进攻；抓腕同时挑肘，转身、别臂、扣腕一气呵成；按头动作及时有力同时负责监控环境；控制后结合上铐捆绑等动作；也可以左右同时搓肘别臂，或一边使用挑肘别臂一边使用搓肘别臂；若对方拼命挣扎反抗或表露出有重大暴力的情形，例如，在控制过程中发现对方身上携带器械，则可以左右两名警察同时绊腿使其俯卧倒地，使用左右跪压控制。

易犯错误及纠正方法：左右两名警察没有同时进攻，错失了战机；不是原地转体而是上步，导致身体在对方屁股后，容易被对方挣脱或受后蹬腿袭击；没有扣压住肩部，容易挣脱。

四、实战范例

（一）范例一

1. 情景显示：对方为暴力犯罪嫌疑人，可能携带危险物品，尚未发觉我方意图，极有可能实施反抗、拒捕行为。

2. 动作实施：A 警察位于对方身后，B 警察在其左前，C 警察在其右前，呈包围状态，自然接近目标；当接近时，A 警察由后突然以抱膝顶摔将对方摔倒，迅速以折膝跪压控制；B 警察、C 警察立即从两侧上前，同时将其两臂拧于背后，B 警察上铐，由 A 警察控制，B 警察实施检查；C 警察起身，负责监控抓捕现场周围情况；检查完毕后，A 警察、B 警察押解，C 警察监控，迅速撤离现场。

3. 实施要点：散开时，要呈隐蔽包围队形，自然接近；A 警察动作要突然、凶狠，B 警察、C 警察跟进要快速、及时。三人配合要默契，注意控制现场周围的情况，以防袭击。

（二）范例二

1. 情景显示：对方为暴力犯罪嫌疑人，可能携带危险物品，尚未发觉我方意图，极有可能实施反抗、拒捕行为时。

2. 动作实施：A 警察在对方身后，B 警察右侧，C 警察在左侧面，自然接近对方；B 警察突然上前，右膝用力跪压其裆、腹部，双手挫颈将对方控制；A 警察、C 警察迅速上前，同时将其双手拧于背后，A 警察实施上铐；由 A 警察进行控制，B 警察实施检查，C 警察起身负责监控周围情况；完毕后，由 A 警察、B 警察负责押解，C 警察负责监控。

3. 实施要点：应散开呈包围状态，自然接近对方；B 警察行动时，要将其紧紧控制在座位上；A 警察、C 警察协同要及时，控臂、上铐要快；检查、押离要迅速，监控现场要严密。

（三）范例三

1. 情景显示：犯罪嫌疑人在睡觉或呈俯卧状态，其枕下、身下、床垫下等可能藏有危险物品，有可能实施反抗。

2. 动作实施：在尽可能不惊动犯罪嫌疑人的前提下，A 警察在左，B 警察居中，C 警察在右，迅速、悄然地接近对方；当接近对象时，由 A 警察、C 警察快速上前，分别抱其双肩、双腿，同时用力拉至地面处，并使其呈俯卧状；B 警察立即跪压其腰部控制；A 警察、C 警察迅速（掀开其被子）将其双手拧于背后，A 警察上铐，C 警察检查；B 警察起身对被子、床铺或周围进行检查，A 警察监控；工作结束后迅速撤离。

3. 实施要点：进入房间和接近俯卧地点时，应尽量保持静音；发起攻击时行动要快，尽量将其拉离原来的位置后实施控制，以防其抢抓凶器或武器进行反抗；协同配合要默契，检查犯罪证据要细致；注意监控室内外情况，尽快撤离现场。

训练项目六 单警夺凶器控制技术

单警夺凶器控制技术是警察防卫控制技术中必须掌握的特殊技能，单警夺凶器控制技术是警察防卫控制技术的综合表现，是一项复杂而全面，危险而特殊，实用价值很高的防卫技术。面对手持凶器的歹徒时，执法警察在保持防守的同时，果断接近歹徒，迅速夺下凶器并将其制服。这种技能在执法执勤应用中很重要，歹徒可能使用的凶器包括匕首、枪支、棍棒等，可能会用各种方式进行攻击。因此，单警夺凶器控制技术的特点在于需要快速反应、准确打击以及强烈的反击意识。此外，这种技能还需要能够在狭窄的空间内完成有效的防御和攻击动作，同时应对可能的突发情况。

在实战中，要想快而安全地将凶器夺下并控制住歹徒，必须熟练掌握单警夺凶器控制技术，应了解凶器的构造和攻防技术结构，根据凶器的特点和分类。学会躲闪凶器防守，以及快速准确地打击要害，结合学习近身摔、拿技术。

对付持凶器歹徒与徒手歹徒是大不相同的，无论从技术结构、攻防特点、距离或时间上都存在着很大的差异。在训练中经常进行模拟实战练习，才能娴熟地掌握夺凶器技术并提高实战应用水平。

面对持凶器歹徒攻击时，首要的是保持一定的距离，沉着地观察和判断。目的是了解对方的心理和动机，稳定调节情绪，达到短暂的缓冲与自控。在没有接触前应注意对方动作，通过对眼神和举动的观察，判断对方是威胁还是要行凶。通常，有些歹徒手持凶器对被害者进行逼迫、恫吓，使被害者产生心理恐惧感，达到其犯罪目的。这类歹徒的特点是猖狂、急迫，注意力相对集中在攻击者身上，表现出狂妄自大，得意忘形。其心理反应为不紧张，情绪也较稳定，遇此情况时，反击者应沉着、冷静地装出害怕、紧张的样子迷惑对方，使其产生错觉，寻找反击的机会，也可采用分散其注意力的方法，用语言刺激或用动作引诱对方，同时注意观察其神态和反应，随时把握时机反击。

另一种持凶器歹徒，步步紧逼却不轻易出击，反而对防御有较大威胁。所以要盯住对方的眼睛，保持适当的距离后退，并注意其持凶器的手臂；采用把握性大的手段刺激或诱惑对方，迫使其发出攻击。此时的防御是主动积极而有准备的，不失时机地躲避开对方的攻击，并对准其要害猛力地反击。诱发反击，避实就虚的手段多种多样。

可利用意识、声音、动作、景物、器材以及随身携带之物等一切手段来引诱其上当，迫使对方发出第一次攻击。这样便于解除威胁，消除隐患，缓解长时间的紧张，变被动防御为主动防御。但采用这一手段时，需要冷静、慎重；精神高度集中，准备要充足；位置与姿势要得当；要保持身体平衡，便于快速做出反应；并且假动作要做得真实而有把握。以免弄巧成拙。反击动作要快速、有力、一招见效，所以单警夺凶器控制技术的训练必须做到攻防结合，虚实配合，重击要害，攻其不备，顺势巧取。

训练科目一　夺刀防卫控制技术

当甲方面对乙方持刀正面上刺威胁时，采取的一种躲闪兼攻击乙方夺下刀的防控技术。

动作要领：当乙方右手持刀由下向上刺向甲方时，甲方向左外侧进步，左手格住乙方右小臂，右手握拳击向乙方下颚，同时左手抓住乙方手腕，右手抓紧手背及四指，双手同时向内卷腕，右腿踢击对方裆部，将刀夺下（图2-1-67）。

动作重难点：上步格挡要快，出拳要准，折腕踢裆要到位。

易犯错误及纠正方法：当乙方右手持刀由下向上刺时，甲方没有向左外侧进步，直接左手格住乙方右小臂，很容易被刺中。两人按模拟实战，让乙方进攻上刺，练习左外侧进步。

课后练习：两人模拟直拳实战对抗，滑步侧躲闪练习。

图2-1-67　夺刀防卫控制技术

夺刀防卫控制技术

训练科目二　夺枪防卫控制技术

当甲方面对乙方持枪威胁时，采取的一种躲闪夺枪化解危险的防控技术。

动作要领：当乙方右手持枪正面对准甲方时，甲方举起双手，乘其不备，迅速向左侧闪并用左手猛推乙方右手持枪手腕，右手同时抓握乙方所持的枪，向内推压折腕，夺下乙方所持的枪（图2-1-68）。

动作重难点：掌握距离，闪、推、抓、折动作要连贯。

易犯错误及纠正方法：当对方右手持枪正面对准时，左侧闪左手猛推对方手腕后，右手没有及时抓握对方持手枪膛，无法向内推压折腕，造成容易被击中危险。两人模拟正面持枪，练习闪、推、折动作。

课后练习：两人一组，直拳实战对抗，一方侧闪拍击练习。

图2-1-68　夺枪防卫控制技术

夺枪防卫控制技术

训练科目三　夺棍防卫控制技术

当甲方面对乙方持棍正面攻击时，采取的一种上步主动防守反击同时可以夺下对方棍棒的防控技术。

动作要领：当乙方持棍棒劈向甲方时，甲方左手在下，右手抬起外挡迅速上步贴近乙方内侧，左手从内向外抄抱乙方右臂，右手拉住乙方颈部，提膝撞击乙方腹部，趁乙方弯身之际右手夺下棍棒（图2-1-69）。

动作重难点：格挡贴身要快，抄抱，顶膝要到位。

易犯错误及纠正方法：当对方持棍棒迎面劈过来时，没有及时抬起右手外挡和上步贴近对方内侧，容易被对方棍棒击中。两人控制速度及力度实战模拟正面持棍棒劈击，相互交换练习上步右手格挡动作。

课后练习：两人模拟右摆拳实战对抗，一方练习上步右手格挡。

图 2-1-69 夺棍防卫控制技术

夺棍防卫控制技术

训练项目七 压点控制技术

压点控制技术即利用肢体力量压制对方神经点和局部关节，迫使其疼痛或反方向运动，进而失去或放弃抵抗行为的技术。该控制技术不会对相对人造成永久性伤害，却能够产生足以令其难受的压力和痛楚。属于温和的徒手控制，普遍适合于日常执法环境，特别适合在处理群体事件、纠纷中使用。

压点控制技术是一种对人体某些特殊的压力点进行短时或持续强力按压，使相对人疼痛而降低反抗能力的技术。是对相对人的神经痛点（眶内神经痛点、舌下神经痛点、下颌骨角神经痛点）进行按压，对人体某些特殊的压力点进行短时或持续强力按压，使相对人疼痛而降低反抗能力，使相对人疼痛而降低反抗能力从而制服的一项专门技术。

在使用压点控制技术时，需要注意合理、合法地用力，避免对相对人造成不必要的伤害。

训练科目一　眶内压点控制技术

眶内压点控制技术是一种对人体某些特殊的压力点进行短时或持续强力按压，使相对人疼痛而降低反抗能力的技术。其中，眶内压点控制技术涉及的部位指的是眶内神经痛点、舌下神经痛点、下颌骨角神经痛点。

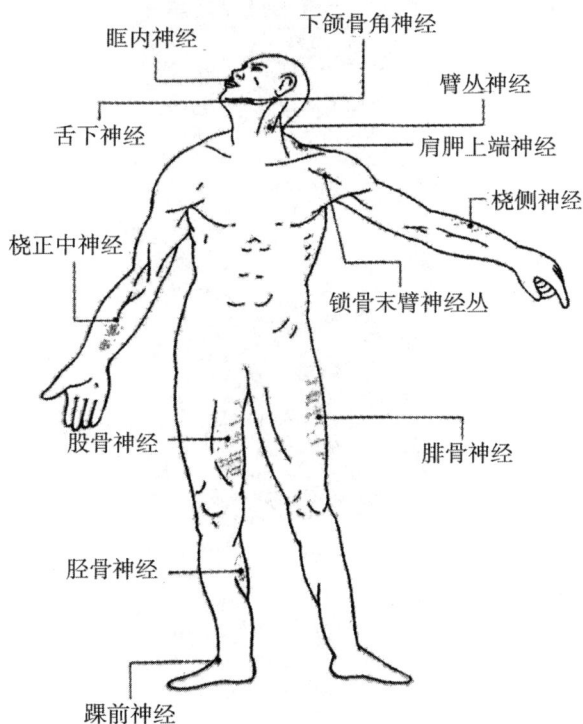

图 2-1-70　人体神经位置

一、压迫眶内神经痛点控制

压迫部位：眶内神经痛点——该点位于鼻子下方，人中穴的上方。

压迫方法：施压时用食指第一节及第二节关节处贴于其鼻子下方，由下向上朝着头顶位置由外向内旋转发力（图 2-1-71）。（该方法对有吸毒史、过敏性鼻炎患者及部分人员可能不奏效）

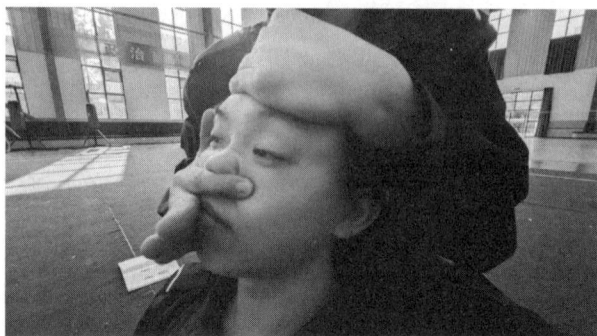

图2-1-71　压迫眶内神经痛点控制

二、压迫舌下神经痛点控制

压迫部位：舌下神经痛点——该点位于下颌骨角往下颚方向凹陷处内侧的位置。

压迫方法：用大拇指或中指中节点由下向上施压时朝着头顶中间位置发力（图2-1-72）。

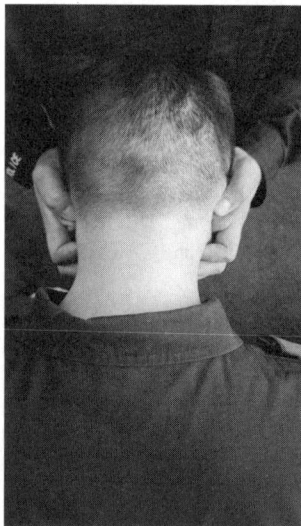

图2-1-72　压迫舌下神经痛点控制

三、压迫下颌骨角神经痛点控制

压迫部位：下颌骨角神经痛点——该穴位在下颌骨后，耳垂正下方紧邻耳垂。

压迫方法：用大拇指或中指中节点由下向斜上用力，施压时略偏向鼻子的角度朝着对角眼睛方向发力（图2-1-73）。

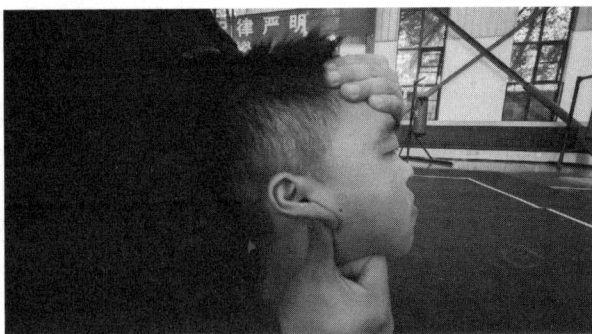

图 2-1-73 压迫下颌骨角神经痛点控制

四、教学重点

参照武力使用层级转换，按照语言控制及警示语的表达及程序：口头劝告—口头警告—徒手控制—固定头部—发出命令—逐渐加力—配合带离；明确固定位、手位、指法压点部位及神经痛点；操作手点到为止，注意保护，配手不要抗力；围绕"固、顶、按、旋、提"等压点关键词完成压点控制。

五、教学难点

压点控制固定发力中因未固定额头、且围锁腕不紧、头部与前胸形成紧贴固定、因紧张造成的手位、指法压点部位及神经点压点不到位造成压点控制脱手或是压点控制失误。

六、易犯错误及纠正方法

1. 压点控制固定发力中因未固定额头、且围锁腕不紧造成易犯错误；纠正方法为，左手扶头时锁腕、肘向肋部夹紧，使其后脑紧贴于警察前胸，形成固定。

2. 因紧张造成的手位、指法压点部位松动；纠正方法为，按照程序先匀速再行快速，使用动作名称或是数字的口令引导，进行分级压点控制练习。

3. 因动作要领的理解不透彻，以神经痛点压点不到位造成压点控制脱手或是失误；发力时左手固定头部，压迫下颌骨角神经痛点控制右手拇指对角眼睛方向上顶，右手食指进行压迫舌下神经痛点控制，形成技术叠加效应，也起到固定头部，形成合力控制。

七、课后练习

1. 按照动作要领、压点控制及神经痛点自行按压，融入警察初心和使命担当，攻坚克难，学习知识、培养能力、提升技能目标。

2. 练习中首先明确程序中的警示语，依托语言控制引导优势，配合压点控制，将固定位、手位、指法压点，慢动作进行层级压点控制；按照程序先匀速再行快速，使用动作名称或是数字的口令引导，进行分级压点控制练习。

3. 分解练习中，两人一组，一人练习，一人配合监督指正。

4. 以寝室为单位，集体集中练习并监督。

5. 以寝室为单位，进行压点控制会操，加强技术学习并磨合。

6. 加强手、指、腕的力量练习，如俯卧撑、指卧撑、哑铃等。

7. 将"人型靶"作为参照物，按照舌下神经痛点、下颌骨角神经痛点、眶内神经痛点的顺序，由慢到快，增加强度和组数，进行压点控制练习，强化程序和肌肉记忆。

8. 对头部实施压点控制时需首先将对方的头部固定，重复语言指令，如"松手""站起来"；待对方服从时可停止施压，对方如果有反复可继续施压。

训练科目二 关节控制技术

关节控制技术是利用关节活动幅度有限的原理对关节实施反方向控制，从而达到以较小的力量便可控制对方的技术。使用时需注意用力的限度，避免造成不必要的伤害。同时应拉近与对方的距离，以保证控制能够奏效。

一、指关节控制

（一）折指控制

动作要领：我方单手快速抓握对方的一根或几根手指（单手控制时不要抓过多根），或者我方双手快速抓握对方的手指（两只手分别抓握），使对方掌心朝我方方向。用我方的掌刃切住对方的手指根部手背一侧并往我方方向下压，我方大拇指顶住对方手指尖并往对方身体方向下压。同时我方身体后撤一步，与对方保持一定距离，避免对方另一只手的袭击（图2-1-74）。

图2-1-74 折指控制

（二）卷指控制

动作要领：我方左（右）手快速抓握对方的右（左）手一根或几根手指（单手控制时不要抓过多根），使对方掌心朝上。同时我方用掌刃切住对方的手指根部掌心一侧并往外往下旋转，且我方右（左）手辅助旋转，同时我方身体后撤一步，与对方保持一定距离，避免对方另一只手的袭击（图2-1-75）。

图2-1-75 卷指控制

（三）教学重点

单手快速抓握对方的一根或几根手指；两只手分别抓握；使对方掌心朝我方方向；（折指控制时）掌刃切住对方的手指根部手背一侧并往我方方向下压，我方大拇指顶住对方手指尖并往对方身体方向下压；（卷指控制时）用掌刃切住对方的手指根部掌心一侧并往外往下旋转，且我方右（左）手辅助旋转；三种指关节控制后，同等后侧一步，保持距离，避免被偷袭。

（四）教学难点

配手抗力的同时，操作手思想上放松警惕，未按照秘密靠近，突然袭击目标，动作迅猛，争取一招制敌的要求，且紧张造成单手控制时抓握多根手指，易造成被动，无法形成控制优势，导致控制失误；指关节控制后，忽略了体位太近，未做到快速回撤步，造成操作手腕指关节控制后的人身安全隐患。

（五）易犯错误及纠正方法

1. 我方单手快速抓握对方的多根手指无法形成控制优势，纠正方法为，快速抓握对方的一根或几根手指。

2. 注意上手时双手抓握应两只手分别抓握，形成力量优势。

3. （折指控制时）手掌心向上，发力下压，不要犹豫，发力要快，控制后，快速回撤步，防止安全隐患。

4. （卷指控制时）用掌刃切住对方的手指根部掌心一侧并往外往下旋转，且我方右（左）手辅助旋转。

5. 三种指关节控制后，同等后侧一步，保持距离，避免被偷袭。

（六）课后练习

1. 加强手、指、腕的力量练习，如俯卧撑、指卧撑、哑铃等。

2. 将"人型靶"作为参照物，按照腕指关节控制要领的顺序，由慢到快，增加强度和组数，进行压点控制练习，强化程序和肌肉记忆。

3. 重复语言指令，如"放松""别动""蹲下"，待对方服从时可停止施压，对方如果有反复可继续施压。

二、腕关节控制

（一）折腕控制

动作要领：我方双手快速抓握对方的一只手，使对方掌心朝我方方向。用我方的掌刃切住对方的手掌根部手背一侧并往我方向下压，我方大拇指顶住对方手指并往对方身体方向下压。同时我方身体后撤一步，与对方保持一定距离，避免对方另一只手的袭击（图2-1-76）。

图 2-1-76 折腕控制

（二）卷腕控制

动作要领：我方双手快速抓握对方的一只手，使对方掌心朝上，用我方的双掌掌刃切住对方的手掌根部手心一侧并合力往外向下旋转，同时我方身体后撤一步，与对方保持一定距离，避免对方另一只手的袭击（图 2-1-77）。

图 2-1-77 卷腕控制

（三）扣腕控制

动作要领：我方右手快速抓握对方的右手，左手抓握住对方右肘，迅速地使用合力使对方肘在下掌在上且小臂垂直地面而掌心向下，用我方的右掌食指边切住对方的手掌根部手心一侧，大拇指压住对方右手掌背并合力向下扣压，我方右手拖住对方肘部。同时我方身体后撤一步，与对方保持一定距离，避免对方另一只手的袭击（图 2-1-78）。

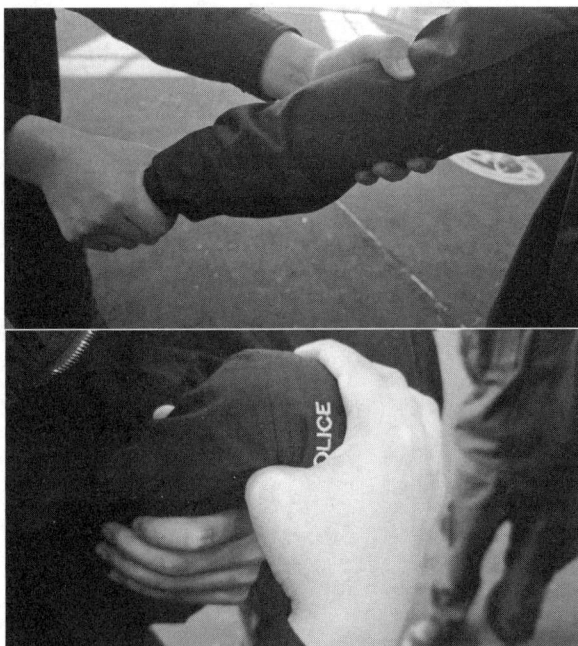

图 2-1-78　扣腕控制

（四）教学重点

1. 折腕控制：我方双手快速抓握对方的一只手，使对方掌心朝我方方向。用我方的掌刃切住对方的手掌根部手背一侧，并往我方方向下压，我方大拇指顶住对方手指并往对方身体方向下压。

2. 卷腕控制：我方双手快速抓握对方的一只手，使对方掌心朝上，用我方的双掌掌刃切住对方的手掌根部手心一侧并合力往外向下旋转。

3. 扣腕控制：我方右手快速抓握对方的右手，左手抓握住对方右肘，迅速地使用合力使对方肘在下掌在上且小臂垂直地面而掌心向下，用我方的右掌食指边切住对方的手掌根部手心一侧，大拇指压住对方右手掌背并合力向下扣压，我方右手拖住对方肘部。

三种腕关节控制后，同等后侧一步，保持距离，避免被偷袭。

（五）教学难点

配手抗力的同时，操作手思想上放松警惕，未按照秘密靠近，突然袭击目标，动作迅猛，争取一招制敌的要求，且紧张造成单手控制时抓握多根手指，易造成被动，无法形成控制优势，导致控制失误；腕关节控制后，忽略了体位太近，未做到快速回撤步，造成操作手腕指关节控制后的人身安全隐患。

（六）易犯错误及纠正方法

1. 折腕控制：抓握到手臂，不能形成腕部控制，导致动作失误。纠正方法为，掌刃切住对方的手掌根部手背一侧，并往我方向下压，我方大拇指顶住对方手指并往对方身体方向下压。发力下压，不要犹豫，发力要快，控制后，快速回撤步，防止安全隐患。

2. 卷腕控制：我方双手快速抓握对方的一只手，使对方掌心朝上，发力时，易用手指向下压，忽略了掌韧发力往外向下旋转，导致动作无法完成。纠正方法为，用我方的双掌掌刃切住对方的手掌根部手心一侧并合力往外向下旋转。

3. 扣腕控制：未按照发力要求，造成控制姿态变形，造成安全隐患。纠正方法为，使用合力使对方肘在下掌在上且小臂垂直地面而掌心向下，用我方的右掌食指边切住对方的手掌根部手心一侧，大拇指压住对方右手掌背并合力向下扣压，我方右手拖住敌肘部。

（七）课后练习

1. 加强手、指、腕、臂的爆发力量练习，如快速俯卧撑、平推、飞鸟展臂。

2. 两人一组，按照腕关节控制要领的顺序，由慢到快，增加强度和组数，进行压点控制练习，强化程序和肌肉记忆。

3. 重复语言指令，如"放松""别动""蹲下"，待对方服从时可停止施压，对方如果有反复可继续施压。

三、肘、臂、肩关节控制

（一）抓肘压腕控制

动作要领：我方从对方右（左）后侧接近，右手抓住对方右肘部并往肘部推压使对方肘部直起来，大拇指扣住对方肘部神经点，可以结合左手抓腕技术（图2-1-79）。

教学重点：右手抓住对方右肘部并往肘部推压使对方肘部直起来，大拇指扣住对方肘部神经点，可以结合左手抓腕技术。

教学难点：发力控制时未携臂加紧，按压神经点错判，造成效果不明显，导致动作失误。

易犯错误及纠正方法：右手抓住对方右肘部并往肘部推压时，未能使对方肘部直起来，造成脱手，控制失败；肘关节未固定，痛点不明显，易造成对手摆脱控制，需单手发力时，另一只手合理压腕，形成合理控制。

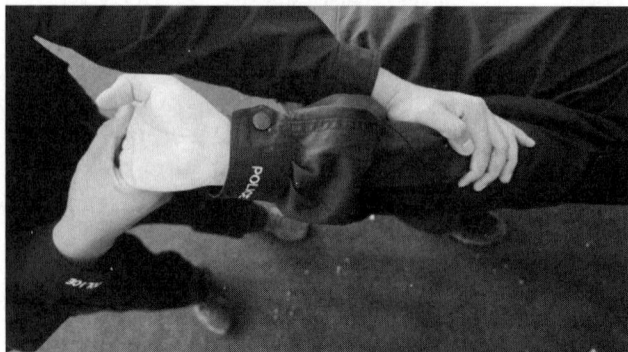

图2-1-79 抓肘压腕控制

（二）曲臂别臂控制

动作要领：当对犯罪嫌疑人别臂遇反抗时，迅速借对方之力猛击对方腹部，而后左手抽出来，从对方胳膊上方穿过，抓住自己右手腕，以两手之合力向对方右后方发力，使其倒地，抽出左手拧转对方肘部进行控制（图2-1-80）。

教学重点：从对方胳膊上方穿过，抓住自己右手腕，以两手之合力向对方右后方发力，使其倒地，抽出左手拧转对方肘部进行控制。

教学难点：从对方胳膊上方穿过，抓住自己右手腕，以两手之合力向对方右后方发力时，重心及发力方向未跟进，造成效果不明显，导致动作失误。

易犯错误及纠正方法：当犯罪嫌疑人别臂反抗时，左手应从上方穿过，抓住自己右手腕，向其后方发力时，重心跟不上，造成控制失败；曲臂别臂要领未到位，未形成固定，痛点不明显，易造成对手摆脱控制，需双手同时发力，形成合理控制。

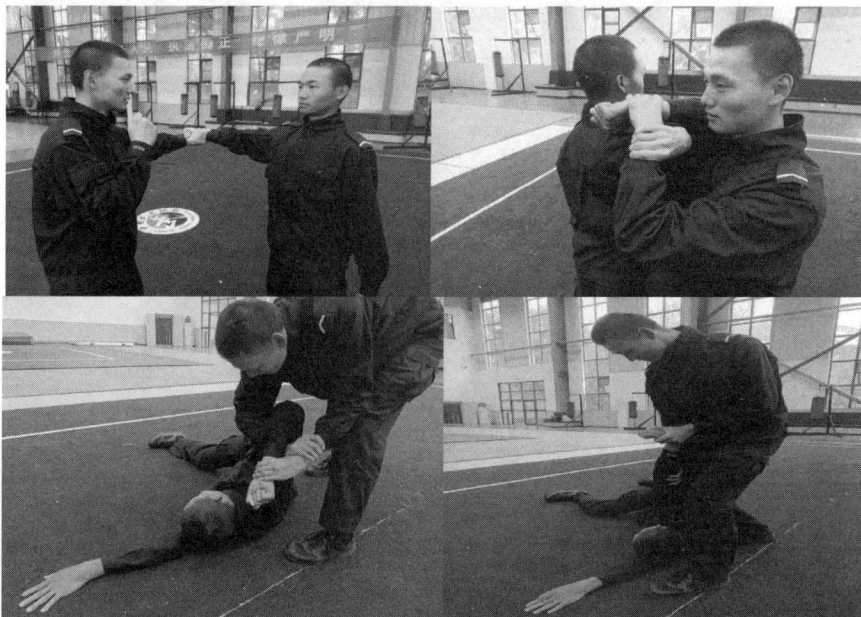

图 2-1-80　曲臂别臂控制

（三）跪压控制

跪压控制是单警控制技术之一，是犯罪嫌疑人倒地后控制的过渡技术，适用于将犯罪嫌疑人摔倒在地面上的控制技术，分为仰卧跪压控制和俯卧跪压控制，主要控制部位于抓腕上提、手臂拉直、折压拧转、跪压肩部和肩胛骨；重心落双膝上，形成合力控制。

1. 仰卧跪压控制。要从犯罪嫌疑人右侧接近，接近后右手抓起右手手腕掌心提起，手背向上提拉，拽直手臂；而后，左手协同配合右膝顶其肩窝，迫使其呈侧卧状，而后左脚向左上方上部向前拖拉扭转。在整个过程中，右膝和右腿要顶住其颈背部，左膝跪压其背部，左手折腕，右手顺势下滑，控制其手腕，合力进行控制（图 2-1-81）。

图 2-1-81　仰卧跪压控制

2. 俯卧跪压控制。俯卧跪压控制是由犯罪嫌疑人右侧接近，接近后双手迅速控制其手腕上拉，右膝跪其颈背部，左手折腕，右手迅速下滑控制其肘部，左膝跪其背部，形成合力控制。当对方呈俯卧状时，我方从对方右（左）侧接近并用右手抓握对方的右（左）手腕上提，将其手臂拉直，然后左手配合右手，抓握其右（左）手掌并折压拧转其手腕，与此同时我方用右（左）脚屈膝跪压其右（左）肩部，另一腿屈膝跪压对方的肩胛骨，使我方重心落在双膝上（图 2-1-82）。

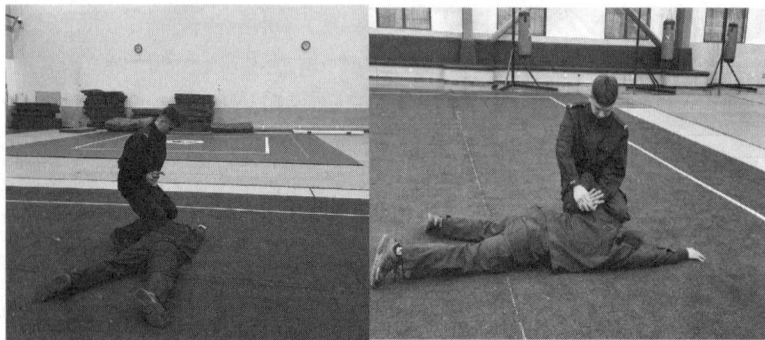

图 2-1-82　俯卧跪压控制

（四）踩压控制

动作要领：当对方呈俯卧状时，我方从对方右（左）侧接近并用右手抓握对方的右（左）手腕上提，将其手臂拉直，然后左手配合右手，抓握其右（左）手掌折压拧转其手腕，与此同时我方左（右）脚踩压其右（左）肩关节处，另一腿直立，重心落在对方肩关节处。同时将对方手臂别靠在我方小腿上，并且折腕（图 2-1-83）。

教学重点：右侧接近，双手抓腕、折腕并向上拉直手臂，顺势右膝跪压肩部，右膝和右腿要顶住其颈背部，左膝跪压其背部，重心落在双膝上。

教学难点：接近方向错误，造成犯罪嫌疑人警觉，造成控制无效，双手抓腕时未及时折腕拉直，切不可由膝部下砸，造成武力过度行为，导致人身安全隐患，右膝和右腿要顶住其颈背部，左膝跪压其背部，重心落在双膝上，跪压控制后可进行上铐、搜身、带离。

易犯错误及纠正方法：接近方向错误，造成犯罪嫌疑人警觉，造成控制无效，应由右后侧接近犯罪嫌疑人；双手抓腕时未及时折腕拉直，需双手同时发力折腕后向胸口贴近，使其手臂拉直，形成合理控制；跪压时切勿膝盖下砸，形成武力过度，应右膝和右腿顶住其颈背部，增加跪压面积，重心稳定，形成跪压（踩压）控制。

图 2-1-83　踩压控制

（五）坐压控制

动作要领：当对方倒地后呈俯卧时，我方快速分腿坐压在对方腰背上；同时双手分别抓住其两臂向前撅推，髋腹前顶，以抵住其两臂。另外，我方大腿夹住对方手臂并拉直折腕，将其控制（图2-1-84）。

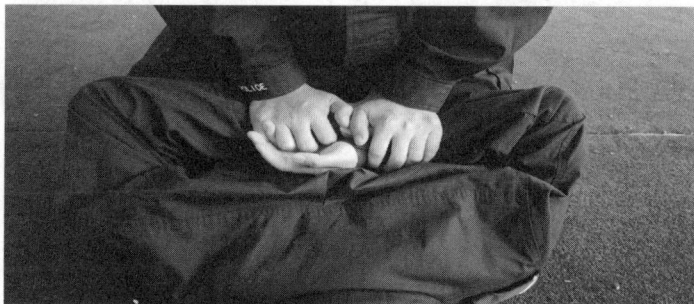

图 2-1-84　坐压控制

四、膝关节、踝关节控制

动作要领：犯罪嫌疑人倒地仰卧时，以两腿夹紧其一条腿，同时胳膊夹住对方脚面，小臂顶其脚跟腱位置，对其踝关节和脚跟腱部位同时控制。犯罪嫌疑人倒地俯卧时，迅速上前将其左（右）腿折起放于右（左）腿膝盖窝位置，折其右（左）小腿，并利用膝盖顶压将其制服。如果犯罪嫌疑人力气较大，可结合折其脚踝，以身体前俯压的方式等动作对其控制（图2-1-85）

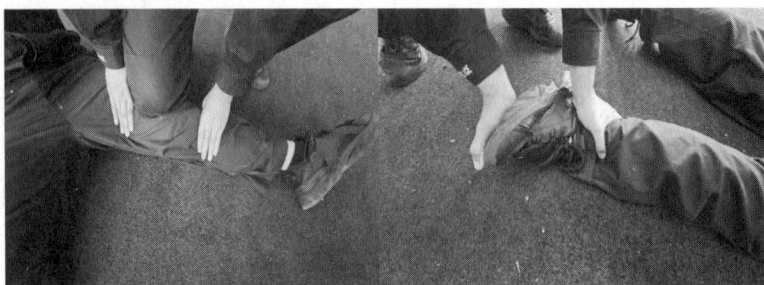

图 2-1-85　膝关节、踝关节控制

训练科目三　抱摔控制技术

抱摔控制技术是利用身体强制力将对方抱住或摔倒的控制技术。属于较强的徒手控制措施，使用中需注意环境因素，避免对方在摔倒瞬间被石块、尖锐物伤害。

一、切别摔

动作要领：正面接近至犯罪嫌疑人右前侧，迅速上左步落于犯罪嫌疑人右腿外侧，右脚迅速跟进至其右腿右后侧，同时左手抓握对方右手腕并往我后下方用力拽拉，右手成掌切击对方喉部并向我左前下方用力切压，同时上右腿前插到对方右腿后，由前方往我方后下方用力绊击（图 2-1-86）。

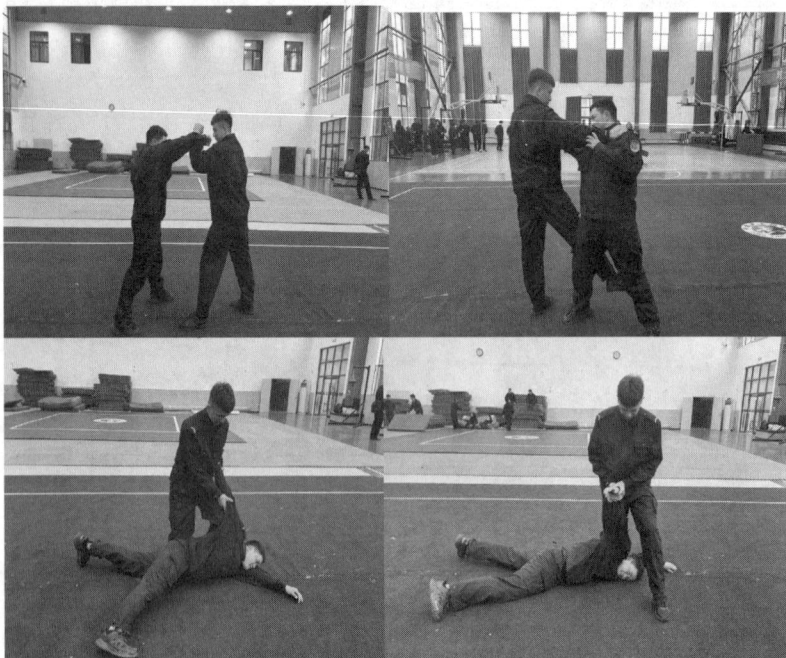

图 2-1-86　切别摔

二、抱腰摔

动作要领：背面接近，两手环抱对方腰（并且夹住手臂），重心稍下沉，左手抓握自己的右手腕，第一时间将对方抱离地面，破坏其重心并将其摔倒至地进行控制（图

2-1-87）。

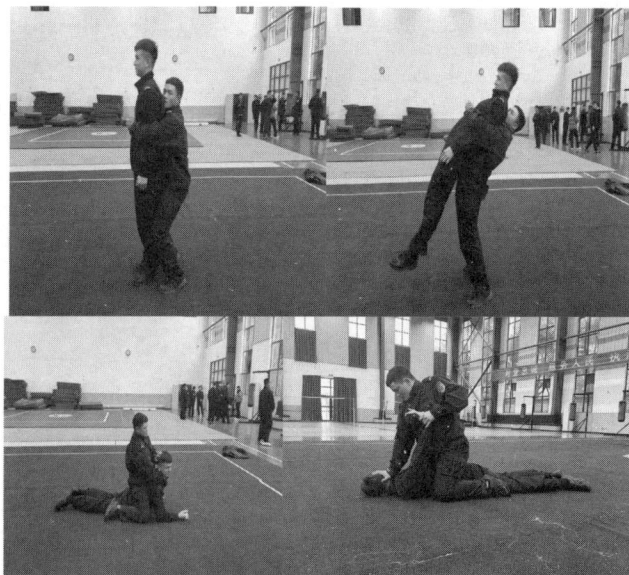

图 2-1-87 抱腰摔

三、抱腿顶摔

动作要领：背面接近，突然身体下潜，抱住对方双腿膝关节位置（根据现场情况，可能抱单腿），后拉肩顶使对方倒地，而后进行控制（图 2-1-88）。

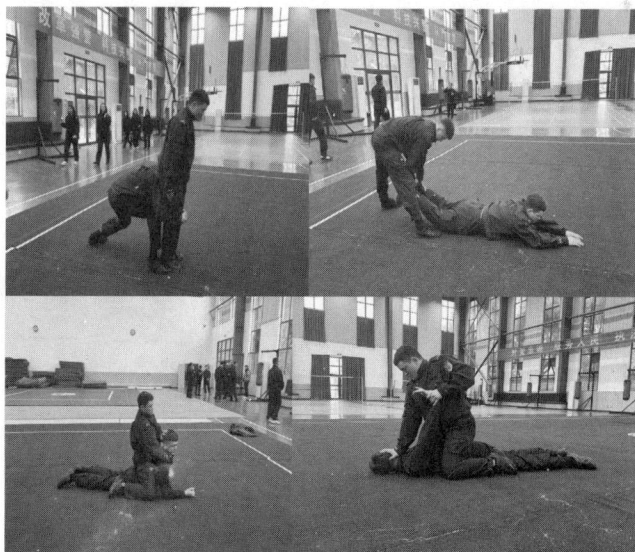

图 2-1-88 抱腿顶摔

四、课后练习

1. 按照动作要领，融入警察初心和使命担当，攻坚克难，学习知识、培养能力、提升技能目标。

2. 练习中首先明确程序中的警示语，依托语言控制引导优势，配合压点控制，按照程序先匀速再行快速，使用动作名称或是数字的口令引导，进行分级压点控制练习。

3. 分解练习中，两人一组，一人练习，一人配合监督指正。

4. 加强核心力量练习，强度逐渐递增，组数由大到小，如俯卧撑、仰卧起坐、深蹲、负重跳、卧推等。

5. 将"人型靶"作为参照物，由慢到快，增加强度和组数，进行压点控制练习，强化程序和肌肉记忆。

6. 对头部实施压点控制时需首先将对方的头部固定，重复语言指令，如"松手""站起来"，待对方服从时可停止施压，如果对方有反复可继续施压。

训练领域二

警务体能训练

训练项目一　力量训练

训练科目一　上肢力量训练

一、俯卧撑

作用：窄距俯卧撑锻炼臂力，宽距俯卧撑锻炼胸大肌。

动作要领：身体保持从肩膀到脚踝成一条直线，双臂放在胸部位置，两手相距略宽于肩膀，用 2~3 秒时间来充分下降身体，最终胸部距离地面 2~3 厘米。然后，要马上用力撑起，回到起始位置。如果做不到一个完整的俯卧撑，也可以膝盖着地（图 2-2-1）。

图 2-2-1　俯卧撑

俯卧撑

二、指卧撑

作用：很好地锻炼臂力、胸大肌，以及背阔肌。

动作要领：双手手指支撑身体，双臂垂直于地面，两腿向导体后方伸展，依靠手指和两个脚的脚尖保持平衡，保持头、脖子、后背、臂部以及双腿在一条直线上。两个肘部向身体外侧弯曲，身体降低到基本靠近地板。收紧腹部，保持身体在一条直线上，持续 1 秒钟，然后恢复原状（图 2-2-2）。

图 2-2-2　指卧撑

指卧撑

三、仰卧撑

作用：对小臂、肱三头肌能起到很好的锻炼作用。

动作要领：身体仰卧，两手背后撑在稍高的凳子上（地面亦可），两脚放在较矮的凳子上（地面亦可），身体其他部分悬空。呼气，两肩放松，两臂慢慢屈肘，身体尽量下沉（尤其要沉臀），稍停 2~3 秒。在身体下沉时，动作要平稳，始终控制住肱三头肌慢慢下降，直至感到肱三头肌充分伸展。然后吸气，用力伸两臂撑起身体还原。以肱三头肌收缩力，使手臂伸直和肱三头肌处于"顶峰收缩"位，稍停。重复以上动作过程（图 2-2-3）。

图 2-2-3　仰卧撑

仰卧撑

四、直臂扩胸

作用：主要锻炼背肌，辅助锻炼后三角肌、斜方肌。

动作要领：两腿开立，两臂前平举，然后两臂向侧打开扩胸，再还原。如此反复练习 16~20 次。要求向后扩胸速度要快，有一定力度，打胸时抬头、挺胸、收腹（图 2-2-4）。

图 2-2-4 直臂扩胸

直臂扩胸

五、宽握撑双杠

作用：以锻炼胸大肌下缘为主。

动作要领：双手宽握撑杠，将身体往上升至肘部伸直高度，双眼看向前方，始终保持肘关节指向后方，两腿、双脚自然下垂。不要故意挺胸，使胸大肌的下部位垂直于地面（图 2-2-5）。

图 2-2-5 宽握撑双杠

宽握撑双杠

六、摆动臂屈伸

作用：对胸肌、肱三头肌能起到很好的锻炼作用。

动作要领：双手宽握（或窄握）撑杠，将身体往上升至肘部伸直高度，双眼看向前方，始终保持肘关节指向后方。吸气，屏住呼吸慢慢地将身体放下去直至上臂与地面平行为止。不要让胸部和肩部有明显的牵拉感，保持重点在肱三头肌上。收缩肱三头肌，快速将肘关节伸直，将身体往上推，恢复肘关节至完全伸直状态。停顿片刻，重复（图2-2-6）。

图2-2-6　摆动臂屈伸

摆动臂屈伸

七、引体向上

作用：重点锻炼背阔肌和肱二头肌，对肩胛骨周围许多小肌肉群以及小臂肌群也有一定的训练效果。

动作要领：用两手正握（掌心向前）单杠，与肩同宽，两脚离地，两臂自然下垂伸直。用背阔肌的收缩力量将身体往上拉起，当下巴超过单杠时稍作停顿，静止1秒钟，使背阔肌彻底收缩。然后逐渐放松背阔肌，让身体徐徐下降，直到恢复完全下垂，重复再做。可以弯曲膝关节，将两小腿向后交叉，使身体略微后倾，能更好地锻炼背部肌肉（图2-2-7）。

图 2-2-7　引体向上

引体向上

八、腕屈伸

作用：对肱三头肌和胸肌能起到很好的锻炼作用。

动作要领：开始时，手腕放松下垂，然后两手用力向上翻腕，将杠铃（或者哑铃）横杠向上提起使腕关节充分伸展开，然后再重复以上的动作（图 2-2-8）。

图 2-2-8　腕屈伸

腕屈伸

九、旋腕

作用：增强腕部力量。

动作要领：虎口朝上握住哑铃，把前臂伸直，屈肘。将哑铃举直，而后向外缓慢旋转，尽量让哑铃杠杆与地面平行，回到起始动作。然后向内缓慢旋转，尽量让哑铃杠杆与地面平行，回到起始动作（图 2-2-9）。

图 2-2-9　旋腕

旋腕

十、胸前推举

作用：对胸大肌和肱三头肌能起到很好的锻炼作用。

动作要领：仰卧凳上，两腿屈膝，两脚着地，双手正握杠铃，握距稍宽于肩，手臂伸直，头正颈直。吸气后慢慢放下杠铃至胸部。当杠铃轻轻接触胸部后，再将杠铃推起，同时呼气（图 2-2-10）。

图 2-2-10　胸前推举

胸前推举

十一、两臂前上举

作用：伸展肩部和上臂韧带。

动作要领：两臂伸直经前至前上方举起，位于上举与前举之间 45 度，两手同肩宽，掌心向下（图 2-2-11）。

图 2-2-11　两臂前上举

十二、直臂上举

作用：伸展肩部和上臂韧带。

动作要领：两臂伸直经前至上方举起，位于头顶（图 2-2-12）。

图 2-2-12　直臂上举

直臂上举

十三、快速平推杠铃

作用：刺激胸肌的外侧。

动作要领：将杠铃正握于胸前，以最快的速度水平推拉杠铃。前推时手臂伸直后回拉（图 2-2-13）。

图 2-2-13　快速平推杠铃

快速平推杠铃

十四、斜上推举

作用：加强对背阔肌的刺激。

动作要领：正握杠铃于胸前，向斜上方 45 度推拉杠铃，两手同肩宽（图 2-2-14）。

图 2-2-14　斜上推举

斜上推举

十五、直臂绕环

作用：拉伸肩部韧带，放松关节。

　　动作要领：两脚开立，与肩同宽，两臂垂直于体侧。左右两臂同时向前、向上、向后、向下画立圆绕环，然后再反方向画立圆绕环（图2-2-15）。

图2-2-15　直臂绕环

直臂绕环

十六、推小车

　　作用：增强肱三头肌、背阔肌的收缩力。

　　动作要领：一人双手撑于地面，双腿伸直。另一人将其双脚抱于腰间，使前者用双臂力量向前爬行。主要起到臂力的锻炼作用（图2-2-16）。

图 2-2-16 推小车

推小车

十七、杠铃俯立划船

作用：增强肱三头肌、背阔肌的收缩力和舒张力。

动作要领：宽距站姿，双手正握，握距比肩稍宽，双臂完全伸直；微微屈膝，整个上身，将杠铃提至上腹部。稍停顿，然后缓缓下铃恢复到起始位置；重复上述动作从臀部屈背，保持身体成 45 度不变；持杠铃在身前，稍稍低于膝盖。收紧肩胛骨，绷紧，直至完成一组训练（图 2-2-17）。

图 2-2-17 杠铃俯立划船

杠铃俯立划船

十八、宽握距引体向上

作用：锻炼斜方肌和背阔肌，重点刺激背阔肌中、上部。

动作要领：两手宽握（掌心向前）单杠，双手距离宽于肩，两脚离地，两臂自然下垂伸直。用背阔肌的收缩力量将身体往上拉起，当下巴超过单杠时稍作停顿，静止1秒钟，使背阔肌彻底收缩。然后逐渐放松背阔肌，让身体徐徐下降，直到恢复完全下垂，重复再做（图2-2-18）。

图2-2-18 宽握距引体向上

训练科目二 下肢力量训练

一、摸高

作用：锻炼弹跳力和协调能力。

动作要领：使用助跑的冲力跳，是向上跳，不是向前跳。在助跑过程中不能减速，如果有足够的空间可以适当加速。跳的瞬间，要用小腿、脚腕、脚掌共同协调用力。在起跳的时候，摸高手要尽力伸展。在下落过程中，要适当屈膝来缓冲，避免受伤（图2-2-19）。

图2-2-19 摸高

摸高

二、单腿深蹲起立

作用：主要锻炼股四头肌，也涉及股二头肌、臀大肌。

动作要领：重心移向右腿，左腿向前抬起，上体稍前倾，右腿屈膝下蹲，使大腿与小腿间的夹角小于90度，然后用力伸直右腿，成单腿站立姿势，反复做（图2-2-20）。

图2-2-20　单腿深蹲起立

三、蹬台阶（蹬凳）

作用：很好的锻炼和塑造臀肌和腘绳肌的训练。

动作要领：面朝台阶一侧站立，然后右腿上跨步，置右脚于台阶上；右腿用力下蹬，带动身体至台阶上直至双脚平踏台阶面；接着左腿下跨步，使身体回到起始位置；然后左腿上跨步，再重复，双腿交替进行（图2-2-21）。

图2-2-21　蹬台阶

蹬台阶

四、蛙跳

作用：蛙跳是发展大腿肌肉和髋关节力量的一种练习。

动作要领：两脚分开成半蹲，上体稍前倾，两臂在体后成预备姿势。两腿用力蹬伸，充分伸直髋、膝、踝三个关节，同时两臂迅速前摆，身体向前上方跳起，然后用全脚掌落地屈膝缓冲，两臂摆成预备姿势。连续进行5~7次，重复3~4组。主要锻炼的是股直肌和大腿肌肉（图2-2-22）。

图2-2-22 蛙跳

蛙跳

五、跳深

作用：跳深是力量练习中的一种肌肉的超等长练习，能够有效地提高运动员腿部爆发力和弹跳能力。跳深是一种连贯的肌肉拉长收缩运动，在人体从高处跳下落地时产生制动，在制动的离心阶段，肌肉因制动向下运动的身体，受重力的作用被迫拉长；随后人体向上运动，肌肉弹性势能加大，接受刺激后产生牵张反射的能力得到了提高。

动作要领：选一高处约为 80 厘米的跳箱或凳子，并在距跳箱或凳子 1 米处放一个栏架，练习者站在上面往下跳，双脚一触地，尽量快速地跳过栏架。随着练习者腿部力量的提高，栏架可以增加，高度也可提高，要因人而异。另外从高处跳下后也可接连续蛙跳（图 2-2-23）。

图 2-2-23　跳深

跳深

六、跳台阶

作用：能很好的锻炼和塑造臀肌和腘绳肌的训练。

动作要领：身体直立，双脚脚尖踮起，用小腿的力量将双脚轮换跳跃于台阶上。注意动作的协调性和连贯性（图 2-2-24）。

图 2-2-24　跳台阶

跳台阶

七、颈后深蹲

作用：主要锻炼大腿肌群、臀大肌和下背肌群，同时也能锻炼小腿。

动作要领：把杠铃置于颈后肩上，两手握住横杠的两端，使杠铃重心两边平衡。两脚分开间距在 96~127 厘米左右，脚尖稍向外分开，两眼始终向前方看。然后使两膝慢慢弯曲，直至下蹲到全蹲的位置。使躯干挺直，背部保持平直，头部稍微抬起（始终看在一点上）。当大腿起立超过水平位置时，即慢慢伸直并恢复至原位置（图 2-2-25）。

图 2-2-25 颈后深蹲

颈后深蹲

八、负重半蹲

作用：主要锻炼大腿肌群、臀大肌和下背肌群，同时也能锻炼小腿。

动作要领：负重（哑铃或杠铃）两脚平行开立同肩宽或略比肩宽，双腿下蹲，大小腿夹角约为 90 度，身体略前倾（图 2-2-26）。

图 2-2-26 负重半蹲

九、肩负同伴深蹲起

作用：锻炼大腿前侧股四头肌的训练动作。

动作要领：让与自己体重相仿一人坐于自己的颈间，做深蹲运动。尽可能面对墙壁或扶手，迅速蹲起，缓缓下落。同时注意双人保护（图2-2-27）。

图 2-2-27　肩负同伴深蹲起

肩负同伴深蹲起

十、弓箭步跳

作用：练习腿部肌肉和臀部肌肉的同时也可提高爆发力。

动作要领：左腿向前同时蹬地迈做弓箭步姿势，背部挺直，抬头挺胸，目视前方，两脚前后开立成弓箭步，用力蹬地起跳，然后两腿在空中交换，落地时变换成另一腿在前的弓箭步（图2-2-28）。

图 2-2-28　弓箭步跳

弓箭步跳

十一、足尖深膝蹲

作用：增强小腿爆发力。

动作要领：和深蹲要领相同，注意由足尖发力并支撑，足跟不能接触地面（图2-

2-29）。

图 2-2-29　足尖深膝蹲

足尖深膝蹲

十二、负重提踵

作用：增强小腿爆发力。

动作要领：首先站姿要双腿略窄于肩，双腿完全伸直，此时膝关节不要弯曲，保持上体的正直，双手持住适合自身重量的杠铃，两眼平视前方，保持身体重心。开始做动作时，脚跟慢慢地离开地面，以脚尖支撑身体平衡，呼气时慢慢向上抬起，注意控制节奏，然后再慢慢地向下还原（图 2-2-30）。

图 2-2-30　负重提踵

负重提踵

十三、纵跳

作用：增强小腿弹跳力。

动作要领：双脚放直，与肩同宽，"锁紧"自己的膝盖。只用自己的小腿跳，只能弯曲自己的脚踝，膝盖尽量不弯曲。落地时，再迅速起跳（图 2-2-31）。

图 2-2-31 纵跳

纵跳

训练科目三 腰腹部力量训练

一、仰卧起坐

作用：增强腹部肌肉力量。

动作要领：双腿伸直，躺卧于地上，左右脚稍稍分开，步幅与肩同宽，臀部、后腰、背部、肩胛骨、两肩均与地面完全贴合，手臂屈肘，两手托在头下，手肘尽量往地面下压，充分打开胸廓。以这个躺卧姿势，头部往上微微仰起，背部以上的部位离开地面，拉伸颈部到肩胛骨之间的肌肉，同时往下收紧下巴，视线望向腹部，保持这个离地姿势 4 秒，然后再次躺下（图 2-2-32）。

图 2-2-32 仰卧起坐

仰卧起坐

二、俯卧起立

作用：增强胸大肌肌肉收缩力、上肢力量，同时可以锻炼腹部力量。

动作要领：练习者俯卧于平地上，双手及双脚尖撑地，呈俯卧撑准备姿势，头部与身体纵轴呈一直线，两臂、腰、双腿伸直；然后收腿至腹部，迅速起立。起立后，身体应处于完全直立姿势，再进行下一次练习（图2-2-33）。

图 2-2-33　俯卧起立

俯卧起立

三、负重体侧屈

作用：锻炼腹外斜肌。

动作要领：站立，双手拿哑铃负重（或肩扛杠铃）。身体慢慢向侧方倾斜至大约35度，再慢慢还原。动作前吸气，提拉时呼气，动作结束时调整呼吸（图2-2-34）。

图 2-2-34　负重体侧屈

负重体侧屈

四、负重侧拉

作用：锻炼腹外斜肌。

动作要领：两脚分开站立同肩宽，单手持哑铃站立，使身体向一侧倾斜拉伸，尽可能加大拉伸幅度，使腹部外斜肌肉有一定拉伸感，然后还原动作反复练习（图 2-2-35）。

图 2-2-35　负重侧拉

负重侧拉

五、仰卧两头起

作用：增强腹部力量，对腹肌的收缩练习更加明显。

动作要领：吸气收紧腹部，同时手臂和腿同时向上抬起离开地面，拉伸腹肌。收缩竖直肌，稍微停顿一下，再慢慢呼气放松，回到原始位置（图2-2-36）。

图 2-2-36　仰卧两头起

仰卧两头起

六、半仰卧起坐

作用：增强腹部力量。

动作要领：仰卧在地板或长凳上，双手放在头后。两脚钩住凳腿等固定物。接着，挺胸直腰，头部上顶，以拉长上体的"重力臂"。然后，腹直肌发力，上体平稳升起，当与地面成45度时，保持该姿势不动，做静力性锻炼。呼吸为顺畅的胸式呼吸，不要屏气憋劲。静停30秒钟左右放松还原（图2-2-37）。

图 2-2-37　半仰卧起坐

半仰卧起坐

七、蛙式仰卧起坐

作用：增强腰腹部力量，对髋关节也有一定的辅助锻炼作用。

动作要领：同仰卧起坐要领相同。只是腿部做盘腿或脚掌合十状，脚后跟拉向髋关节，膝关节尽可能地接触地面（图2-2-38）。

图2-2-38 蛙式仰卧起坐

蛙式仰卧起坐

八、仰卧举腿

作用：很好地增强腹部肌肉和增加腹部肌肉紧张度的运动。

动作要领：身体仰卧，手臂要紧紧贴着身体两侧，下腹要缩紧。把双腿举到与地面垂直，要保持垂直状态5秒钟（图2-2-39）。

图2-2-39 仰卧举腿

仰卧举腿

九、侧卧举腿

作用：锻炼臀中肌和臀小肌，多为臀大肌锻炼之后使用的动作。

动作要领：侧躺于地面，一只手臂弯曲，并置于头下；另一只手臂自然下垂在胸前，手心向下；双腿自然伸直，下面的腿贴紧地面，上腿用力提起；然后还原动作，反复练习（图 2-2-40）。

图 2-2-40 侧卧举腿

侧卧举腿

十、举腿绕环

作用：锻炼髋关节和大腿的灵活性。

动作要领：平卧将大腿伸直抬起于体前环绕一周，还原动作反复练习（图 2-2-41）。

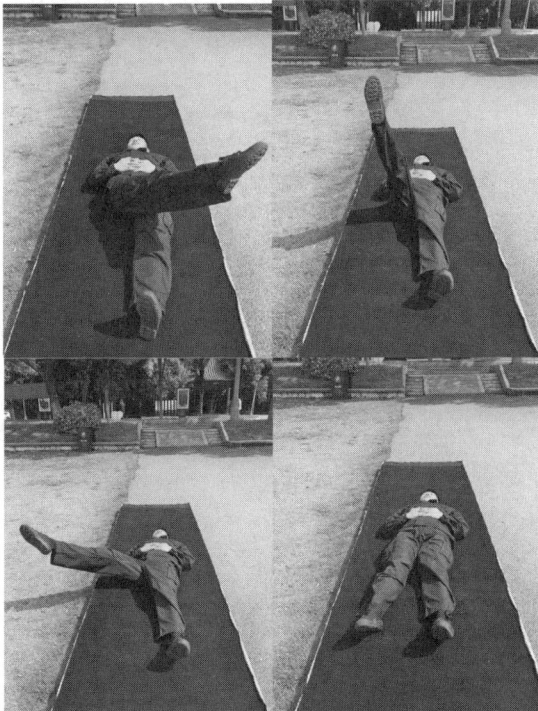

图 2-2-41 举腿绕环

举腿绕环

十一、负重转体

作用：是锻炼腹外斜肌的一种有效办法。

动作要领：站立，将杠铃（或者哑铃）放在肩上，双手扶住杠铃（或者哑铃）保持平衡。通过侧腰使身体左右转动，转动幅度稍大，动作在最末端需要制动。自然呼吸，不要憋气（图2-2-42）。

图2-2-42　负重转体

负重转体

十二、臀桥

作用：发展臀部肌肉和腹部核心力量。

动作要领：仰卧，双腿屈膝分开，两脚着地，两臂伸向身体两侧，手臂贴地，保持头部和肩部不动，下腰部和臀部有规律性地向上挺起下落（图2-2-43）。

图2-2-43　臀桥

臀桥

十三、仰卧骑车

作用：提升大腿、臀部和腹部肌肉力量和肌肉耐力。

动作要领：仰卧在垫子上、双手伸直掌心向下放在身体两侧，腰部和地面有一掌的距离，双腿并拢，弯曲膝盖，腹部收紧，颈部放松，上身不动，向身体移动双腿，大腿逐渐靠近腹部。保持右脚贴近腹部，吸气的同时左脚缓慢向上蹬，蹬的时候脚尖向内勾起，直至右腿垂直 90 度向上，左脚到达顶点之后，将脚尖绷直，然后呼气，呼气的同时尽量保持左脚笔直向地面方向移动，腹部收紧，右脚不动（图 2-2-44）。

图 2-2-44 仰卧骑车

仰卧骑车

十四、卷腹

作用：发展腹横肌、腹直肌，辅助锻炼人体的背部肌肉、肩袖肌群、胸大肌。

动作要领：仰躺在地面上（最好身下垫瑜伽垫），双腿屈膝，双手自然放于地面。腹部发力弯曲躯干，使背部弯折，但不要让整个背部离开地面，只需要向前蜷缩，让胸腔靠近骨盆即可。在动作的最高处，紧缩你的腹肌，保持动作 2 秒钟以上。这个动作并不是抬起得越高越好，做的幅度不同影响到的部位也是不同的。放松身体，缓慢地下放躯干和双肩，直到上背部接触到地面（图 2-2-45）。

图 2-2-45　卷腹

卷腹

十五、上下剪刀腿

作用：发展腹直肌、臀大肌和大腿后侧肌肉群。

动作要领：平躺在地面，双手伸直放在身体两侧，掌心向下。双腿略微弯曲，抬起至离地大约 10 厘米。这是动作的起始位置。保持背部贴地，一条腿上抬到大约与地面呈 45 度，另一条腿略微下降。然后换边重复以上动作（图 2-2-46）。

图 2-2-46　上下剪刀腿

上下剪刀腿

十六、左右剪刀腿

作用：发展腹直肌、臀大肌和大腿后侧肌肉群。

动作要领：双腿左右交叉运动，如剪刀一样开合，先将左脚交叉于右脚前，再将右脚交叉于左脚前，重复动作20~30次（图2-2-47）。

图2-2-47　左右剪刀腿

左右剪刀腿

训练科目四　全身力量训练

一、窄上拉

作用：锻炼腰背部肌群、腿部肌群等。

动作要领：正握杠铃窄于肩膀的宽度，身体直立，重心移至两腿之间。上身迅速向上提拉杠铃，循环多次（图2-2-48）。

图2-2-48　窄上拉

窄上拉

二、宽上拉

作用：锻炼腰背部肌群、腿部肌群等。

动作要领：身体直立，重心移至两腿之间，上身迅速向上提拉杠铃，循环多次（图 2-2-49）。

图 2-2-49　宽上拉

宽上拉

三、挺举

作用：锻炼核心力量、上肢爆发力。

动作要领：将杠铃置于身前，双脚分开与肩同宽，膝盖弯曲，臀部降低。双手抓住杠铃，握距比肩稍宽，保持背部紧张。

翻腕：挺髋，用腿部的力量将杠铃拉起，至一定高度后用肩背的力量控制杠铃，同时翻腕，将杠铃置于锁骨部位。在整个动作过程中，杠铃要紧贴身体。

站立：将杠铃置于锁骨位置，双肘向前，伸展髋部和膝关节，用腿部的力量站起来，膝盖微屈，休息一会儿。如果在这时停止动作，那么应该做 4~5 次力量挺身循环。

挺举：绷紧膝关节和髋关节，直接将杠铃举过头顶。在完成此动作时，可以采用并腿的形式，也可以采用弓步的形式。当双臂伸直后，再将双脚并拢（图 2-2-50）。

图 2-2-50　挺举

挺举

四、双手持重物后抛

作用：锻炼全身力量和核心力量爆发力，更能锻炼到三角肌前束。

动作要领：两脚左右开立，两手自然持物，身体肌肉放松，重心落在两脚中间，眼睛看前下方。抛物经前下方至头额前上方，在这个过程中加速球的摆动速度，上体后仰，身体形成反弓状，向投掷方向抛出（图 2-2-51）。

图 2-2-51　双手持重物后抛

双手持重物后抛

五、双手持重物前抛

作用：锻炼全身力量和核心力量爆发力。

动作要领：两脚自然开立与肩同宽，两手自然持物，身体肌肉放松，重心落在两脚中间偏前，眼睛看前下方。从前下方经过胸前至头后上方，加速球的摆速，上体后仰，身体形成反弓形，同时吸气。预摆结束时两手持物，用力积极从后上方向前上方前摆，此时的动作特点是蹬腿、送髋、腰腹急震用力，两臂用力前摆并向前拨指和腕，旨在提高手臂的鞭打速度（图2-2-52）。

图 2-2-52　双手持重物前抛

双手持重物前抛

训练项目二　速度训练

训练科目一　反应速度训练

一、蹲踞式起跑

各就位：走到起跑器前，两手撑地，有力脚在前，两脚依次踏上起跑器，后膝跪地。两臂伸直与肩同宽，两手拇指相对，虎口向前，撑于起跑线后，颈部放松。

预备：两膝离地，臀部从容抬起，稍高于肩，重心前移，两脚压紧起跑器。

跑：两手迅速推离地面，两臂用力前后摆动，两脚用力蹬离起跑器，后腿积极前摆，前腿髋、膝、踝充分蹬直跑出（图2-2-53）。

图 2-2-53 蹲踞式起跑

蹲踞式起跑

二、站立式起跑

在离起跑线一脚的距离，一脚在前，另一脚自然放在前脚脚跟之后，宽度约为一脚至一脚半的距离，单手撑地，紧贴于起跑线。两脚分开前后站立，膝盖微屈，后脚前脚掌着地，脚跟提起来，两臂自然下垂于身体两侧，两手半握拳，肘关节弯曲成 90 度，身体前倾，重心在前脚上，两眼平视前方。身体重心尽量前移，单脚撑住自己的身体，听到枪响，松手，利用前移的身体重心加上快速有力的前脚蹬地，迅速起跑（图 2-2-54）。

图 2-2-54 站立式起跑

站立式起跑

三、弯道跑

为了克服离心力，弯道跑摆时，整个身体向内倾斜，摆动腿前摆时，左膝稍向外展，以前脚掌外侧着地；右膝稍向内扣，以脚掌内侧着地，同时加大右腿前摆的幅度。弯道跑摆臂时，左臂摆动幅度稍小，靠近体侧前后摆动；右臂摆动的幅度和力量稍大，且前摆时稍向左前方，后摆时肘关节稍向外。弯道技术变化的程度与跑的速度、弯道半径有关联，速度越快、半径越小，技术变化的程度越大。从弯道进入直道时，身体逐渐减小内倾程度，放松跑2~3步，然后全力跑完全程（图2-2-55）。

图 2-2-55　弯道跑

弯道跑

四、高抬腿跑

上体正直或稍前倾，两臂前后摆动。大腿积极向前上摆到水平，并稍稍带动同侧髋向前，大小腿尽量折叠，脚跟接近臀部。在抬腿的同时，另一腿的大腿积极下压，直腿足前掌着地，重心要提起，用踝关节缓冲（图2-2-56）。

图 2-2-56　高抬腿跑

高抬腿跑

五、后蹬跑

上体正直或稍前倾，两臂前后有力摆动。充分伸展髋关节，膝、踝关节蹬伸在后，后蹬力量大，重心前移，身体较放松。摆动腿积极向前上方摆动至水平或接近水平部位时，带动同侧髋充分前送，同时膝关节放松，大腿积极下压。小腿前送至足前掌着地，缓冲，迅速转入后蹬（图2-2-57）。

图2-2-57　后蹬跑

后蹬跑

六、高抬腿接疾跑

高抬腿跑20~40米后，身体逐渐前倾加速，变为冲刺（图2-2-58）。

图2-2-58　高抬腿接疾跑

高抬腿接疾跑

训练科目二　动作速度训练

一、10秒钟原地快速跑或高抬腿和小步跑

在动作的强度上做了规定，让机体瞬间达到最大强度的练习，主要提高练习者的瞬间爆发力（图2-2-59）。

图2-2-59　10秒钟原地快速跑或高抬腿和小步跑

二、摆臂

双腿自然站立，原地快速摆臂，下肢保持不动（图2-2-60）。

图2-2-60　摆臂

摆臂

三、快速箭步交换跳

双手自然抬起于胸前，右腿或左腿向前跨出一大步弯曲，使大腿与地面平行，小腿与地面呈 90 度，腰背挺直，自然呼吸，重心放在臀部，然后用力蹬地跳起，双臂随着弓步跳规律摆动，跳时最大限度用力。然后换脚，保持平衡，再次准备好，继续跳（图 2-2-61）。

图 2-2-61 快速箭步交换跳

快速箭步交换跳

四、跨步跳

跨步跳是向上的，包括摆臂的同时绕环向上，这也是为了向上腾起，同时向前进行。

动作要领：后腿用力蹬伸，前腿屈膝前顶、送髋，落地时小腿积极后拉，脚掌扒地，手臂上提摆至肩高制动，有明显的腾空时间（图 2-2-62）。

图 2-2-62 跨步跳

跨步跳

五、快速俯卧撑并原地摆臂

20个俯卧撑起身后原地30秒快速摆臂，动作衔接不要有任何停顿，3个循环为一组，重点练习上肢快速力量灵活性（图2-2-63）。

图 2-2-63　快速俯卧撑并原地摆臂

训练科目三　加速度的训练

一、高抬腿跑

两臂前后摆动。大腿积极向前上摆到水平，并稍稍带动同侧髋向前，大小腿尽量折叠，脚跟接近臀部。在抬腿的同时，另一腿的大腿积极下压，直腿足前掌着地，重心要提起，用踝关节缓冲。

大腿抬起过渡到高抬腿跑。先学会高抬腿跑，逐渐加大向前摆动幅度及跑速，转化为"前进式高抬腿跑"。由于加大了向前的摆幅和速度，躯干适度扭转使髋向前，增大步长，增大两大腿的夹角，着地腿的膝关节可稍有弯曲接近于平跑技术（图2-2-64）。

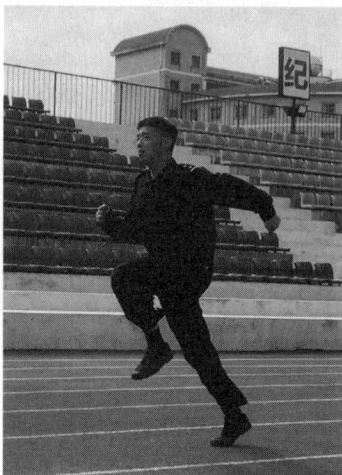

图 2-2-64　高抬腿跑

二、后蹬跑

上体正直或稍前倾，两臂自然摆动。摆动腿积极向前上方摆出，由腰部扭转，同侧髋带动大腿充分前送。在摆腿的同时，另一腿大腿积极下压，足前掌着地，膝、踝关节缓冲，迅速转入后蹬。后蹬时摆腿送髋动作在先，膝踝蹬伸在后腾空阶段重心向前，腾空时要放松，两腿交替频率要快。切勿在蹬直后仍保持僵直，这样做多了会影响摆腿的技术，破坏节奏（图 2-2-65）。

图 2-2-65　后蹬跑

后蹬跑

三、后踢小腿跑

足前掌着地，离地时足前掌用力扒地，离地后小腿顺势向后踢，与大腿折叠，膝关节放松，足跟接近臀部。

动作要领：后踢腿跑容易造成上体前倾，对于上体过分前倾的儿童少年，不宜多做后踢腿跑，否则会影响抬腿技术。足前掌着地时膝要有一定高度，否则容易产生制动，着地缓冲技术不好的学生不宜多做（图 2-2-66）。

图 2-2-66　后踢小腿跑

后踢小腿跑

四、定时变速跑

慢跑过程中定点进行加速，每次加速跑20秒或30秒，然后再回到慢跑节奏，反复交替练习（图2-2-67）。

图2-2-67　定时变速跑

五、前后摆小腿

用脚尖跑步，小腿尽量快速后摆起，脚后跟靠向臀部。动作迅速灵活，中脚后跟不要接触地面（图2-2-68）。

图2-2-68　前后摆小腿

六、双人摆臂

两人面对面站立，双脚自然开立。相互拉住对方的手或者手腕做摆臂运动，目的是通过相互的力量牵引来提高摆臂速度（图2-2-69）。

图 2-2-69 双人摆臂

双人摆臂

训练项目三 耐力训练

训练科目一 中等强度耐力训练

一、连续跑台阶

连续跑台阶时膝关节部位承受负荷较大，有膝关节部位损伤和疾病的人不宜参加此项运动，否则不利于伤病的康复。上下台阶要把握好节奏，速度不能过快，以防止摔倒。适宜的速度应控制在 20~50 台阶/分钟，体力好的人可以速度快些。运动中要根据体能情况及时停下来休息，防止疲劳过度。根据体能和下肢力量，可以一步一台阶或一步数台阶运动，台阶的高度以 25 厘米为宜，运动时间控制在 5~10 分钟以内（图 2-2-70）。

图 2-2-70 连续跑台阶

连续跑台阶

二、平板支撑

肘关节和肩关节与身体保持直角。在地板上进入俯卧姿势，用脚趾和前臂支撑体重。手臂成弯曲状，并置放在肩膀下。任何时候都保持身体挺直，并尽可能最长时间保持这个位置。若要增加难度，手臂或腿可以提高。肩膀在肘部上方，保持股肌的持续收缩发力（控制住），保持股部不高于肩部，脚之间与肩同宽。手部可以合十，在坚持 75 秒以上的时候适当抬高一下臀部（因为随着时间的推移，臀部会下沉，所以需要保持臀部和腰板、腿保持直线）。颈部保持前倾，可以锻炼颈部（图 2-2-71）。

图 2-2-71 平板支撑

平板支撑

三、跳绳跑

将绳子握在手柄中后端。单脚踩跳绳，两端拉到胸口到肚脐的位置。两手上臂贴近身体，手腕用力。脚尖和前脚掌起跳落地，起跳高度不能太高，以刚能过绳子最好，落地时膝盖微曲做缓冲。为了不失误，速度不宜过快，当熟练掌握后加快速度，逐步加强对不失误的要求。手脚协调好动作，以绳子绕身一圈换脚一次为标准，以最快速度进行练习，可以很好地提高练习者的身体协调能力（图 2-2-72）。

图 2-2-72　跳绳跑

跳绳跑

训练科目二　高强度耐力训练

一、1000 米跑（男）、800 米跑（女）

中距离跑是发展耐力的练习，长时间的连续的肌肉活动是这个练习的特点。它一方面要求尽量减少能量的消耗，维持一定的跑速；另一方面要求在全程跑中能根据情况具有加速跑的能力。所以，练习者在跑的全程中，正确地掌握技术和合理地分配体力是非常重要的。要求跑得轻松协调，重心移动平稳，直线性强，有良好的节奏；要尽量提高肌肉用力和放松交替的能力，既讲究动作效果，又注重节省体力。

二、5000 米跑、10 000 米跑

长跑，即长距离跑步，路程通常在 5000 米及以上。长跑属于有氧代谢运动，参与人体各大器官的循环，特别是呼吸系统。在跑步过程中，人体对氧气的需求量不断增加，一般情况下，以 4 步一呼吸为宜，并尽量始终保持这一节奏，也可根据运动者自身的生理情况和调节习惯进行最佳调整。在呼吸方式上，以鼻吸嘴呼、口鼻混合呼吸较好。长跑刚开始时，由于氧气供应落后于肌肉的活动需要，因此会出现腿沉、胸闷、气喘等现象，特别是经常不锻炼的人感觉会更强，但这是正常的。如果感觉比较难受，应停下来，步行几百米，如感到特别不适，就要停止长跑。正确掌握跑步时的呼吸方法，是练好中长跑的重要一环，也是掌握中长跑的跑步节奏和节省体力提高成绩的关键所在。

训练项目四　柔韧训练

训练科目一　肩部练习

一、压肩

压肩是一种锻炼和放松肩部的方法，有利于增加肩关节的柔韧性和灵活性。面对栏杆或一定高度的物体开步站立，两手抓握栏杆，上体前俯下振压肩（图2-2-73）。

动作要领：两臂、两腿要伸直，力点集中于肩部。

动作重难点：①下振压的振幅逐渐加大，力量逐渐加强。②肩压到极限时，静止不动，耗肩片刻。③压肩与耗肩交替练习。

易犯错误及纠正方法：肩部紧张，臂不直。练习时注意尽量沉肩，伸臂。双脚左右分开，与肩同宽或稍宽，上体即手臂向脑后做压振动作。后压肩时双手放在背后，手臂不要弯曲，着力点在肩部，身体做蹲起动作。横压肩时手臂左右平伸呈"一字"，身体直立，两手扶住门框，身体前进，手臂后展，肩向后振压。压完肩后要抡臂，有疼痛感时应停止。

图2-2-73　压肩

压肩

二、拉肩

动作要领：身体直立，双腿自然开立，拉伸臂伸直，另一只手抓住拉伸臂肘关节处向后拉伸。保持肩部放松，身体保持向前姿势，不要跟随手臂转动（图2-2-74）。

易犯错误及纠正方法：肩部紧张，臂不直。练习时注意尽量沉肩，伸臂。

图 2-2-74　拉肩

拉肩

三、吊肩

两脚并步站立，背部朝向横杠（最好是肋木），两手反臂抓握横杠。然后下蹲，两臂拉直，或悬空吊起（图 2-2-75）。

动作要领：两手紧握横杠，两臂伸直，肩部放松。

动作重难点：双手反臂抓握横杠，上体前倾拉肩，并上下转动。屈膝下蹲，上体尽量直立，逐渐减少脚的支撑力，做向下吊肩动作。两脚离地，做吊肩动作。

易犯错误及纠正方法：提肩、屈臂、躬身。两手握紧横杠，抬头、沉肩、立身。

图 2-2-75　吊肩

吊肩

四、转肩

两脚开步站立，双臂伸直握拳于体前，与肩同宽，然后平举至体侧，再从体侧向反方向拉伸（图2-2-76）。

动作要领：两手握距要合适，转动时两臂要伸直。

动作重难点：先做徒手的压肩、绕肩练习。开始握棍转肩时两手间距离可宽些，逐渐缩短距离。

易犯错误及纠正方法：屈肘，两肩未同时转动。适当放宽握距，强调直臂，增强幅度。

图2-2-76　转肩

转肩

五、单臂绕环

单臂绕环左弓步，右臂伸直向前或向后立绕（图2-2-77）。

动作要领：臂伸直，肩放松，绕环时贴身走立圆。

动作重难点：单臂绕环要力求动作连贯，劲力顺达，使肩关节充分放松，不必求快速。左右交替练习，注意协调发展。

易犯错误及纠正方法：肩部紧张，肘关节弯曲，绕环时不走立圆。放慢速度，肩部尽量放松，臂伸直，贴身立绕。

图 2-2-77　单臂绕环

单臂绕环

六、两臂前后绕环

开步站立，两臂伸直上举与肩同宽，手心相对，双臂向前，向下、向后绕环，或向后、向下、向前同时绕环（图 2-2-78）。

动作要领：两臂伸直，肩关节放松，以腰带臂绕立圆。

动作重难点：此动作需要一定的协调性，初次练习要放慢动作，当两臂反方向绕至体前、体后时应在一条水平线上，下落时应同时擦腿；动作符合要求后再逐渐加快速度，也可左右交替做反方向的绕环练习。

易犯错误及纠正方法：两臂配合不协调，绕臂不成立圆。要强调以腰带臂，肘关节伸直，身上绕两臂贴头，向下绕两手擦腿。

图 2-2-78　两臂前后绕环

两臂前后绕环

训练科目二　胸部练习

一、仰卧背屈伸

练习者腿部不动，积极抬上体、挺胸（图 2-2-79）。

图 2-2-79　仰卧背屈伸

仰卧背屈伸

二、虎伸腰

练习者跪立，手臂前放于地下，胸向下压。要求主动伸臂，挺胸下压（图 2-2-80）。

图 2-2-80 虎伸腰

虎伸腰

三、挺腰扩胸

练习者站立做扩胸状，尽量将双臂向后拉伸，挺胸收腹。也可将头部向后仰起，挺腰，增加练习强度（图 2-2-81）。

图 2-2-81 挺腰扩胸

挺腰扩胸

训练科目三 腰部练习

一、甩腰

一开始练习甩腰的时候，可以减少练习幅度，两脚开立做动作，具体要根据自身条件而定，但是甩腰一定要一气呵成，下去和起来要组成一个完整的甩腰动作，不要下去一拍，上来一拍，否则就会达不到甩腰的效果。慢慢就可以站立甩腰了，此动作也叫扭腰，全身要配合好，双腿要支撑好腰的力量，不然很容易失去平衡（图 2-2-

82）。

图 2-2-82　甩腰

甩腰

二、体前屈

双腿伸直，脚跟并拢，脚尖自然分开，然后掌心向下，双臂并拢平伸，上体前屈，两手指匀速前移，直至不能移动为止，复原姿势后连续再做（图 2-2-83）。

图 2-2-83　体前屈

体前屈

训练科目四 腿部练习

一、正压腿

面对有高度的物体，如高台、桌椅，双腿并拢站立，抬起右腿将脚跟放在肋木上，脚尖勾起，关节屈紧，两手扶在左腿膝盖上。两腿伸直，挺腰，同时一定要收髋，这是许多人没有注意到的地方。上体前屈，向前向下做振压腿的动作，逐渐加大力量，然后换腿做。根据柔韧性程度，可依次用肘部、前额甚至下颌去接触脚尖（图2-2-84）。

动作要领：两腿都要伸直，上体向前、向下压振时腰背要直；压振时幅度由小到大，直到能用下颌触及脚尖。

图2-2-84 正压腿

正压腿

二、侧压腿

身体侧对肋木等支撑物，右腿支撑，脚尖稍向外撇，左腿举起，脚跟放在肋木上，脚尖勾起，踝关节屈紧，右臂上举，左掌放在腹部。两腿伸直，立腰，开髋，上体向左侧下压。髋部和腰部在这个练习中将得到锻炼。

做这个动作时易出现两腿不直、身体向前弯曲。所以在练习中应注意，支撑腿的脚尖外展，被压腿尽量向身体正前顶髋，左臂向里掖肩，右臂向上举，向头后伸展。同时，将腿向肩后方振压。幅度逐渐加大，直到脚尖能接触到后脑勺（图2-2-85）。

动作要领：上体保持直立，向侧、向下压振；振压幅度逐渐加大，髋关节一直正对前方。

图 2-2-85　侧压腿

侧压腿

三、踢腿

两臂平伸，手掌直立，同时左右腿轮流上踢，上踢幅度越高越好。腿将要踢起时，要迅速地将身体重心移到另一条腿上，使将要踢起的腿部肌肉放松，这样才会起腿轻，踢腿快如风。为防止摔倒，也可背靠墙或肋木练习。踢时要快，腿由下至上快速向面部摆动，这里有一个加速的过程。踢时髋部要后坐，腿上摆要有寸劲。刚刚练习踢腿时，必须保持动作的规范性，宁可踢得刚过胸也不把支撑腿的腿跟抬起或膝部弯曲，或是弯腰凸背用头去迎碰脚尖，这些均说明腿的柔韧性训练不到位，韧带还没有拉开。只要坚持压踢结合，常练不辍，定会达到脚碰前额的水平。落腿应稳，初练者往往踢起腿刚落地，就踢另一腿，从而出现腿笨重、身体歪斜的现象。这是因为踢出的腿刚落地时，身体的重心还在原支撑腿上，腿下落时转移重心，势必出现上述现象。正确的做法是等腿落实后，身体重心转换结束再踢出另一腿。这样练习也有利于实战中连环腿法的应用（图 2-2-86）。

图 2-2-86　踢腿

踢腿

四、弹腿

是一种以屈伸性腿为主的练习方法。身体直立，一条腿支撑重心，另一条腿迅速向前方弹出，落地后换腿重复练习，主要作用是提高腿部的柔韧性、灵活性，拉长腿部的肌肉和韧带，加大髋关节的活动范围，通过这样的抻筋达到上下肢经络的通畅。弹腿时要将腿弹至与地面平行，动作协调连贯（图 2-2-87）。

图 2-2-87　弹腿

弹腿

训练项目五　灵敏训练

训练科目一　一般灵敏素质

一、弓箭步转体

站立，双脚分开，间距与臀同宽，双手放在胸前（或手持 2.27~3.63 公斤重的哑铃垂于体侧，以增加强度），收腹、挺胸、沉肩。右脚向前迈一步，双腿屈膝让右膝位于踝关节的正上方，左膝几乎接触地面。左脚跟抬离地面。保持箭步蹲姿势，同时上半身中立，从髋部开始下蹲，并向右侧转动躯干，左臂伸直，尽量把左手放在右脚踝的外侧，躯干保持平直。上半身回到直立姿势。左手放回髋部，同时右腿向后撤一步，双腿站直。身体回到开始时的姿势。右腿重复以上练习，完成建议的次数后换左腿练习算作完整的一组练习。也可以左右腿交替练习（图 2-2-88）。

图 2-2-88　弓箭步转体

二、屈体跳

双脚自然分开，身体放松。膝盖弯曲下蹲，双臂自然向后下方摆动，跳起时双腿迅速用力蹬地，双臂上摆，目视前方。跳跃最高点时迅速收腹，提大腿，弯曲膝关节，双手抱住膝关节或者小腿。下落时放开双手，伸腿直膝，脚尖先接触地面，缓冲压力，然后还原动作做下一轮起跳，以此循环（图 2-2-89）。

图 2-2-89　屈体跳

屈体跳

三、后退跑

后退跑时，两脚提踵，用脚前掌交替蹬地提膝向后跑动，上体放松直起，两臂屈肘相应摆动，保持身体平衡，两眼平视。两脚提踵，前脚掌蹬地，上体放松直起。选择草地或质地松软的平地，不要在水泥地上进行运动。运动前学会一些基本的后退跑摔倒时的自我保护方法。在条件允许的情况下，运动时可以派专人进行保护帮助，以确保万无一失（图 2-2-90）。

图 2-2-90　后退跑

后退跑

四、燕式平衡

由单腿站立、另腿后举、两臂侧上举姿势开始，前脚向前一步，上体前倾，两臂前举或经前绕至侧平举，抬头、挺胸，支撑腿膝关节绷直，另一腿经后向上逐渐抬起，同时上体下压与地面平行。上体挺胸抬头下压，同时后腿向后上方举起。支撑腿绷直，用全脚掌控制平衡，后举腿尽量高举，两腿夹角不小于135度（图2-2-91）。

图 2-2-91 燕式平衡

燕式平衡

五、360度转体

原地起跳，空中转体360度，落地还原（图2-2-92）。

图 2-2-92 360度转体

360度转体

训练科目二　综合灵敏素质

一、10 米×4 折返跑

10 米长的直线跑道若干，在跑道的两端线（S1 线和 S2 线）外 30 厘米处各画一条线。木块（5 厘米×10 厘米）每道 3 块，其中两块放在 S2 线外的横线上，一块放在 S1 线外的横线上。

测试方法：受测试者用站立式起跑，听到发令后从 S1 线外起跑，当跑到 S2 线前面，用一只手拿起一木块随即往回跑，跑到 S1 线前时交换木块，再跑回 S2 线交换另一木块，最后持木块冲出 S1 线，记录跑完全程的时间。记录以秒为单位，取一位小数，第二位小数非"0"时则进"1"（图 2-2-93）。

动作要领：①10 米×4 折返跑，是指在 10 米的跑道上，折返跑共 4 次，即折返各算一次，共 40 米，而非折返合起来算一次，共 80 米；②当受测者取放木块时，脚不要越过 S1 线和 S2 线；③在新的公安类职位体能测试标准的 10 米×4 折返跑中并没有写"测试不超过三次"，那就表明必须要一次性通过。

图 2-2-93　10 米×4 折返跑

10 米×4 折返跑

二、跳绳

肩膀放松，视线放在前方。两个胳膊肘贴在肋骨两侧。轻轻地抓在手柄后面，大拇指放在手柄的上面，轻轻转动手柄带动着绳子去跳。让膝盖有弹力地跳，绳子用手腕轻轻转动。不要跳得太高，要前脚掌着地，脚后跟不着地。尽可能以换脚跳绳的方式练习（图2-2-94）。

图 2-2-94　跳绳

跳绳